# Разбуди се, Израеле

„*Сонцето ќе се преобрати во темнина*
*А месечината во крв*
*Пред да настати големиот и страшниот ден на*
*ГОСПОДОВОТО доаѓање.*
*Тогаш секој кој што ќе се повика на името на ГОСПОДА*
*Ќе биде спасен;*
*Бидејќи на гората Сион и во Ерусалим*
*Ќе бидат оние кои што ќе се спасат,*
*Како што кажал ГОСПОД,*
*Дури и помеѓу преживеаните кои што*
*ГОСПОД ќе ги повика.*"

(Јоил 2:31-32)

# *Разбуди се, Израеле*

## Др. Церок Ли

**Разбуди се, Израеле** од Др. Церок Ли
Објавена од страна на Урим Книги (Претставник: Seongnam Vin)
361-66, Шиндаебанг Донг, Донгјак Гу, Сеул, Кореа
www.urimbooks.com

Сите права се задржани. Оваа книга или некои нејзини делови, не смеат да бидат репродуцирани во било која форма, да се чуваат во обновувачки систем, или да бидат пренесувани во било каква форма или преку било какви средства, електронски, механички, преку фотокопирање, снимање или на некој друг начин, без претходна писмена дозвола од страна на издавачот.

Ако не е наведено поинаку, сите цитати од Светото Писмо се земени од Светата Библија, НОВА АМЕРИКАНСКА СТАНДАРДНА БИБЛИЈА (NEW AMERICAN STANDARD BIBLE), ®, Авторско Право © 1960, 1962, 1963, 1968, 1971, 1972, 1973, 1975, 1977, 1995 од страна на Локман Фондацијата. Употребени со дозвола.

Авторско Право © 2020 од Др. Церок Ли
МСБК (ISBN): 979-11-263-0607-7 03230
Преведувачко Авторско Право © 2013 од страна на Др. Естер К. Чанг. Употребено со дозвола.

Претходно објавено на Кореански од страна на Урим Книги во 2008

*Прво Издание Ноември 2020*

Уредено од страна на Др. Геумсун Вин
Дизајнирано од страна на Уредувачкото Биро на Урим Книги
Отпечатено од страна на Јевон Компанија за Печатење
За повеќе информации ве молиме контактриајте ги: urimbook@hotmail.com

# Предговор

На почетокот од 20-от век, се случи една извонредна серија на настани, коишто се одиграа на неплодното тло на Палестина, на коешто никој тогаш не сакаше да живее. Евреите кои што беа раштркани низ источна Европа, Русија и остатокот од светот, почнаа да ја преплавуваат земјата којашто изобилуваше со пирej, сиромаштија, глад, болест и маки.

И покрај високата стапка на смртност како резултат на маларијата и изгладнувањето, Евреите не го губат високиот степен на верата и амбициите, туку почнуваат да градат кибуци (место за работа во Израел, како на пример една фарма или фабрика, каде што работниците живеат заедно споделувајќи ги помеѓу себе обврските и приходот). Исто како што кажал Теодор Херзл, основачот на модерниот Ционизам, „Ако имате волја, тоа веќе не е сон," реставрацијата на Израел стана реалност.

По сета праведност, реставрацијата на Израелот беше сметана за невозможен и недостижен сон, па никој не сакаше да поверува во него. Евреите сепак си го исполнија тој сон и со раѓањето на државата Израел, тие вчудоневидувачки повторно се здобија со својата нација, за прв пат после околу 1,900 години.

Народот на Израел, и покрај вековните прогони и маки коишто ги доживеал додека бил раштркан по земјите коишто не биле негови, ја задржал својата вера, култура и јазик, константно подобрувајќи ги. По основањето на модерната држава Израел, тие успеаја да ја искултивираат неплодната земја, ставајќи акцент на развитокот на различните видови на индустрии, коишто овозможија да нивната нација им се приклучи на развиените земји, покажувајќи се како извонредни луѓе кои што опстанале и просперирале среде постојаните предизвици и закани коишто се однесуваа дури и на нивниот опстанок како нација.

По основањето на Централната Манмин Црква во 1982 година, Бог ми откри, по инспирацијата од страна на Светиот Дух, голем дел во врска со Израелот, бидејќи независноста на Израел е знак којшто се појавува во последните денови и исполнување на пророштвото искажано во Библијата.

*Чујте го народи Словото ГОСПОДОВО и разгласете го по далечните приморски места, и кажете, „Оној кој што го расеа Израелот, повторно ќе го собере и ќе го чува, како што пастирот си го чува стадото свое"* (Јеремија 31:10).

Бог го има избрано народот Изрелски за да го открие Своето провидение, според коешто Тој ги создал и ги културивирал луѓето. Како прво, Бог го создал Авраама „таткото на верата," и го поставил Јакова, Авраамовиот внук, како основач на Израелот, па Бог им ја прогласувал Својата волја на Јаковите потомци и го исполнил провидението за културивирањето на човештвото.

Кога Израелот верувал во Божјото Слово и чекорел во согласност со Божјата волја, во потполна покорност, тој уживал во големата слава и чест, кои му биле дадени да биде над сите нации. Потоа кога се оддалечил себеси од Бога и станал непокорен кон Него, Израел станал субјект на разни измачувања, вклучувајќи ги тука странските инвазии, па така луѓето од Израелот биле приморани да живеат скитнички живот, одејќи по сите краишта на светот.

Дури и кога народот од Изрелот се соочувал со потешкотии поради своите гревови, Бог сепак никогаш го немал напуштено или заборавено. Израел секогаш бил врзан со Бога низ заветот направен преку Авраама и затоа Бог никогаш не престанува да работи за нив.

Под Божјата извонредна грижа и водство, Израелскиот народ секогаш бил сочувуван, ја достигнал независноста и уште еднаш станал нација над сите нации. Како тоа да Израелскиот народ бил сочуван и зошто Израелот бил повторно обновен?

Голем број на луѓе кажуваат, „Опстанокот на Еврејската нација е навистина чудо." Големината на магнитудата на прогоните и на репресиите што Еврејскиот народ ги има доживеано за време на Дијаспората, ги надминува сите можни опишувања и имагинации, а самата историја на Израелот ја потврдува вистинитоста на Библијата.

Но сепак Евреите ќе почувствуваат дури и поголем степен на неволји и болки за време на Второто Доаѓање на Исуса Христа. Се разбира, оние луѓе кои што го имале прифатено Исуса како својот Спасител, ќе бидат подигнати во воздухот и ќе земат учество во Свадбениот Банкет заедно со Господа. Оние луѓе пак, што го немале прифатено Исуса како нивниот Спасител, нема да бидат подигнати во воздухот и ќе страдаат за време на Големите Страдања, во текот на седум години.

> „Затоа што ете, доаѓа денот, горејќи како печка; кога сите арогантни и сите злодејци ќе бидат како плевелот; а денот којшто иде ќе ги запали во пламен," кажува ГОСПОД Саваот, „така што од нив нема да остане ниту корен ниту гранче" (Малахија 4:1).

Бог веќе ми ги има откриено во детали сите несреќи

и катастрофи кои што ќе се одвиваат за време на Седумгодишните Големи Страдања. Поради таа причина, мојата најискрена желба за народот од Израелот, којшто бил избран од Бога, да го прифатат Исуса без понатамошно одлагање. Да го прифатат Исуса, кој што пред околу две илјади години чекорел по земјата, како свој Спасител, така да ниту еден од нив не биде оставен да ги искуси измачувањата на Големите Страдања.

Со благодетта дадена од Бога, јас напишав и посветив дело кое што добавува одговори за Јудејската илјадагодишна жед за Месијата и за долгогодишните прашања коишто секојдневно се поставуваат.

Посакувам да секој читател на оваа книга ја понесе во своето срце Божјата очајничка порака на љубовта и да без одлагање што поскоро се сретне со Месијата, кого што Бог го испратил за целото човештво!

Го сакам секого од вас, со сето мое срце.

Ноември 2007
Искажано за време на молитвата во
Гетсиманската Молитвена Куќа

**Церок Ли**

# Вовед

Му ја оддавам целата благодарност и слава на Бога за водството и благословот да можеме да го објавиме делото *Разбуди се, Израеле!*, во последните денови. Ова дело беше објавено во согласност со волјата на Бога, кој што сака да го разбуди и сочува Израелот, а тоа е организирано од страна на неизмерната љубов на Бога, кој што посакува да не изгуби ниту една душа.

Глава 1, „Израел: Божјите Избраници," ги истражува причините за Божјото создавање и култивирање на сето човештво на земјата и за Неговото Провидение, според кое Тој ги избрал и водел луѓето од Израелот, како Неговите избрани луѓе низ историјата на човештвото. Во оваа глава исто така се претставени Израеловите големи претци исто како и Нашиот Господ, кој што дошол на овој свет во согласност со пророштвото коешто го предвидува доаѓањето на Спасителот на сите луѓе, потекнувајќи од куќата на Давида.

Испитувајќи ги Библијските пророштва во врска со Месијата, Глава 2, „Месијата Испратен Од Бога," сведочи за Исуса како Месијата, чие што доаѓање Израелците сеуште желно го исчекуваат, и како сходно на законот за откуп на земјиштето, Тој ги задоволува сите потребни квалификации за да биде Спасителот на човештвото. Понатаму, втората Глава истражува за тоа како пророштвата од Стариот Завет за Месијата, биле исполнети преку Исуса и за односот помеѓу историјата на Израелот и смртта на Исуса.

Третата Глава, „Богот Во Кој Што Верува Израелот," фрла поглед на луѓето од Израелот кои што стриктно му се покоруваат на законот и на неговите традиции, објаснувајќи им што навистина Му е угодно на Бога. Дополнително ги потсетува дека се имаат оддалечено од волјата на Бога, поради традицијата на старите која што тие ја произведе. Оваа Глава ги опоменува да ја сватат вистинската волја на Бога, за тоа што Тој воопшто и им го дал законот и за неговото исполнување преку љубовта.

Во последната Глава „Гледај И Слушај!" се истражува нашето време, коешто во Библијата е проречено како „крајот на времето," како и неминовното појавување на антихристот, фрлајќи поглед и на Седум-годишните Големи Страдања. Понатаму, сведочејќи за двете тајни Божји, коишто биле припремени преку Неговата бескрајна љубов за Неговиот избран народ, така што луѓето на Израелот да можат да го достигнат спасението во последните моменти на култивирањето на човештвото, последната Глава ги преколнува луѓето на Израелот да не ја забоават последната можност за спасението.

Кога првиот човек Адам го извршил гревот на непокорот и бил истеран од Градината Едемска, Бог го поставил да живее во земјата Израелска. Од тогаш па натаму, за време на историјата на култивирањето на човештвото, Бог веќе со илјадници години чека и се надева дури и денеска, дека ќе се здобие со вистинските Божји чеда.

Нема повеќе време за губење и одлагање. Се надевам дека секој од вас ќе свати дека нашето време навистина е последното време и ќе се припреми за примањето на нашиот Господ, кој што ќе се врати како Кралот над кралевите и како Господарот над господарите. Во Неговото име, искрено се молам за тоа.

Ноември 2007
**Геум-син Вин,**
Главниот уредник

## Содржина

Предговор
Вовед

Глава 1
## Израел: Божјите Избраници

Почетокот На Култивацијата На Човештвото _ 3
Големите Претци _ 21
Луѓето Кои Што Зборувале За Господа Исуса Христа _ 44

Глава 2
## Месијата Испратен Од Бога

Бог Го Ветува Месијата _ 67
Квалификациите На Месијата _ 75
Исус Ги Исполнува Пророштвата _ 93
Смртта На Исуса И Пророштвата За Израелот _ 103

Глава 3
## Богот Во Кој Што Верува Израелот

Законот И Традицијата _ 113
Божјата Вистинска Намера За Давањето На Законот _ 125

Глава 4
## Гледај И Слушај!

Кон Крајот На Времето На Светот _ 149
Десетте Ножни Прсти _ 169
Верната Љубов Божја _ 183

"Давидовата Ѕвезда," симболот на Еврејското заедништво, се наоѓа на знамето на Израелот

## Глава 1

# Израел: Божјите Избраници

# Почетокот На Културацијата На Човештвото

Мојсеј, Израелскиот голем водач, којшто ги ослободил своите луѓе од ропството во Египет, водејќи ги кон Ветената Земја Канаанска, служејќи како Божји посредник, го започнал Неговото слово во книгата на Битието, на овој начин:

*На почетокот Бог ги создаде Небесата и земјата* (1:1).

Бог ги создал Небесата и земјата и сето што се наоѓа во нив, во текот на шест дена, па потоа се одморил, благословувајќи и одмарајќи се, осветувајќи го седмиот ден. Зошто тогаш, Богот Создателот го создал универзумот и сето што се наоѓа во него? Зошто го создал човекот и дозволил безброј многу луѓе од Адама па сè до сега, да живеат тука на земјата?

## Бог Ги Бара Оние Со Кои Што Ќе Може Вечно Да Ја Сподели Љубовта

Пред создавањето на Небесата и на земјата, семоќниот

Бог егзистирал во безграничниот универзум, во вид на светлина во којашто бил вграден звукот. По долгиот период на самотија, Бог посакал да ги добие оние со кои што ќе може вечно да ја споделува љубовта.

Бог ја поседува не само божествената природа којашто го дефинира како Создателот, туку исто така и човечката природа со којашто Тој ја чувствува радоста, лутината, тагата и задоволството. Така што Тој пожелува да прими и да даде љубов. Во Библијата постојат многу делови каде што се упатува кон Божјото поседување на човечката природа. Тој навистина бил задоволен и пресреќен поради праведните дела извршени од страна на Израелците (Повторени Закони 10:15; Изреки 16:7), но исто така бил нажален и станал навистина налутен кога тие згрешиле (Исход 32:10; Броеви 11:1, 32:13).

Постојат некои времиња кога секоја индивидуа посакува да биде сама, но таа исто така би била уште посреќна и порадосна, поблажена, ако најде пријател со којшто ќе може да си го сподели срцето. Бидејќи Бог ја поседува и човечката природа, Тој посакува да има некои со кои што ќе може да ја сподели Својата љубов, чие што срце ќе може да го свати и обратно.

'Нели би било навистина радосно и чувствително да се имаат чеда коишто ќе го сватат Моето срце и од кои што ќе можам да примам и да им дадам љубов, во овој огромен и простран свет?'

Во времето на Неговиот избор, затоа, Бог смислил план да се здобие со вистински чеда, коишто би се грижеле за Него. Со таа цел, Бог го создал не само духовниот свет туку исто така и физичкиот свет, во којшто требало да живее човештвото.

Некои можеби ќе се замислат и ќе помислат, 'Постои толку голем број на небесни домаќини и ангели на Небесата, коишто биле покорни. Зошто тогаш Бог поминува низ сите овие неволји и го создава човекот?' Освен само неколку од ангелите, поголемиот број на небесните суштества не ја поседуваат човечката природа, којашто е најзначајна од сите елементи потребни за да се прими или да се оддаде љубов: а тоа е слободната волја, со која што ќе можат самите да извршат избор. Таквите небесни суштества се нешто налик на роботите; тие се покорни и се покоруваат на секоја наредба без да почувствуваат радост, лутина, тага или задоволство. Тие се во неможност да дадат или да примат љубов, којашто ќе произлезе од самата длабочина на нивните срца.

Да претпоставиме дека има две дечиња од кое што едното од нив, без да изрази било каква емоција, свое мислење или љубов, е покорно и прави сè онака како што му е наложено. Другото дете, иако понекогаш можеби и ги разочарува родителите, користејќи ја својата слободна волја, сепак бргу се покајува после некое свое погрешно дело, им се прилепува на родителите во љубов и го искажува своето срце преку различни начини.

Кое од овие две деца преферирате? Најверојатно би се определиле за второто. Дури и да имате некој робот којшто слепо ќе се покорува на сите наредби и задолженија, никој од вас не би преферирал да има робот наместо вашите сопствени деца. Со истото такво значење, Бог преферира да има луѓе кои што со радост би сакале да му се покорат, низ своите емоции и разум, наместо некои на робот налик небески домаќини и ангели.

### Божјото Проведение За Здобивањето Со Вистинските Чеда

По создавањето на првиот човек Адам, Бог продолжил со создавањето на Едемската Градина и му дозволил да завладее над неа. Сето што било во Градината Едемска било во изобилие, а Адам владеел над нештата со неговата слободна волја и авторитет, коишто му биле дадени од страна на Бога. Но сепак, постоела една работа којашто Бог му ја забранил.

> *Од секое дрво во градината можеш слободно да јадеш; но од плодовите на дрвото за познавањето на доброто и на злото нема да јадеш, бидејќи на денот кога ќе пробаш од него, ти сигурно ќе умреш* (Битие 2:16-17).

Ова бил системот којшто Бог го воспоставил помеѓу

Бога Создателот и создаденото човештво, Тој сакал да Адам му се покори по неговата слободна волја и од длабочината на своето срце. Но по подолг временски период Адам не успеал да го одржи на ум Божјото Слово и го извршил гревот на непокорувањето, со пробувањето од плодовите на дрвото на познавањето на доброто и на злото.

Во Битие 3 има една сцена во којашто змијата, поттикната од страна на Сатаната, ја прашува Ева, „Навистина ли, Бог рече, 'Немој да јадеш од плодовите на ниту едно од дрвата во градината'?" (с. 1) Ева й одговорила, „Бог рече, 'Не смеете да јадете од [дрвото кое што се наоѓа во средината на градината] ниту да го допирате, или вие сигурно ќе умрете'" (с. 2).

Бог јасно й кажал на Ева, „На денот кога ќе пробате од него, вие сигурно ќе умрете," но таа ја изменила Божјата заповед и кажала, „Вие ќе умрете."

Сваќајќи дека Ева не ја примила Божјата заповед во своето срце, змијата тогаш станала уште поагресивна во своето искушување кон неа. „Вие сигурно нема да умрете!" й кажала на Ева. Па потоа додала, „Бидејќи Бог знае дека на денот кога ќе пробате од плодовите на дрвото, вашите очи ќе се отворат и вие ќе станете како Бога, познавајќи го доброто и злото" (с. 5).

Кога Сатаната й ја вдишал алчноста во умот на жената, тогаш дрвото за познавањето на доброто и на злото почнало поинаку да изгледа во нејзините очи. Плодовите од дрвото изгледале навистина убави за јадење и претставувале особено задоволство за очите, правејќи ја да пожелува да тоа ја направи мудра. Ева пробала од плодовите на дрвото, а исто така му подала и на својот маж да проба од нив, па и тој вкусил.

Тука е претставено како Адам и Ева го извршиле гревот на непокорувањето на Божјото Слово и како сигурно се соочиле со смртта (Битие 2:17).

На ова место, „смртта" не се однесува на телесната смрт, каде што престанува дишењето кај човечкото тело, туку на духовната смрт. По јадењето на плодовите од дрвото за познавањето на доброто и на злото, Адам изродил деца и умрел на возраст од 930 години (Битие 5:2-5). Само преку овој факт, можеме да дознаеме дека „смртта" тука не се однесува на физичката смрт.

Човекот изворно бил создаден како мешавина на духот, душата и на телото. Тој го поседувал духот преку кој што можел да комуницира со Бога; душата којашто била под контролата на духот; а телото служело како штит и за духот и за душата. Бидејќи Божјата заповед била заборавена и бил извршен гревот, духот умрел и неговата комуникација со Бога исто така била прекината, па тоа е „смртта" за којашто Бог зборува во Битието 2:17.

По нивното извршување на гревот, Адам и Ева биле истерани од убавата и изобилна Градина Едемска. Па така, на тој начин започнало и измачувањето за целото човештво. Болките на жената за време на раѓањето ѝ биле зголемени за неколку пати, таа сега копнеела по мажот и била под негово владение, додека мажот пак, морал низ мака да го произведува лебот насушен од проколнатата земја, во текот на целиот негов живот (Битие 3:16-17).

Во Битието 3:23 ни се кажува, „*Затоа ГОСПОД Бог го изгони од градината Едемска, да ја обработува земјата од којашто и беше земен.*" Тука, „да ја обработува земјата" означува дека не само што човекот морал низ маки да произведува храна од земјата, туку и фактот дека тој бил – формиран од прашината земна – исто така значело дека ќе си го „култивира своето срце" додека ќе живее тука на земјата.

## Култивирањето На Човештвото Започнува Со Адамовиот Грев

Адам бил создаден како живо битие и во своето срце немал никакво зло, па затоа и немал потреба да си го култивира срцето. Но по неговото згрешување, Адамовото срце било извалкано со невистината, па тој потоа имал потреба да си го култивира срцето сѐ додека не го исчисти до оној степен, до којшто било пред да згреши.

Затоа Адам морал да си го култивира своето срце, кое што станало оштетено од невистината и гревовите, за да може повторно да се здобие со чистото срце и да може да истапи како вистинско чедо Божјо, по чинот на неговото згрешување. Кога Библијата кажува, „Бог го изгони од градината Едемска, да ја обработува земјата од којашто и беше земен" го означува ова и се нарекува „Божјата култивација на човештвото."

Вообичаено, „култивацијата" е термин којшто се однесува на процедурата во којашто фармерот го сее семето, се грижи за посевите и го жнее нивниот принос. За да може да го „култивира" човештвото на земјата и да се здобие со добриот принос, што значи со „вистинските чеда Божји," Бог го посеал првото семе, Адама и Ева. Преку Адама и Ева кои што не му се покориле на Бога, се изродиле безброј многу деца, а преку култивацијата на човештвото, безброј многу од нив повторно се родиле како Божји чеда, култивирајќи си ги своите срца и повторно пронаоѓајќи го изгубениот лик на Бога.

Затоа, „Божјата култивација на човештвото" се однесува на целиот процес во којшто Бог се грижи и ја води историјата на човештвото, од неговото создавање па сé до Судот, за да се здобие со Своите вистински чеда.

Исто како што земјоделецот ги надминува поплавите, сушите, мразот, градот и штетниците, во времето кога го одгледува посевот по неговата сеидба, за да на крајот пожнее убав и прекрасен плод, исто така и Бог контролира сé за да на крајот се здобие со вистинските чеда Божји, кои што ќе настанат по надминувањето на смртта, болестите, одделувањето и другите видови на измачување, во текот на нивните животи тука на земјата.

### Причината Поради Којашто Бог Го Засадил Дрвото За Познавањето На Доброто И На Злото Во Градината Едемска

Некои од луѓето прашуваат, „Зошто Бог го засадил дрвото за познавањето на доброто и на злото во градината Едемска, преку коешто човекот згрешил и бил поведен по патот на уништувањето?" Причината поради којашто Бог го засадил дрвото за познавањето на доброто и на злото во градината Едемска лежи во прекрасното Божјо провидение според коешто Тој ќе ги поведе луѓето кон свесноста за 'релативноста'.

Повеќето од луѓето претпоставуваат дека Адам и Ева биле среќни поради животот во Градината Едемска, поради фактот што таму немало солзи, тага, болести, ниту измачувања. Но Адам и Ева не ја познавале вистинската среќа и љубов бидејќи во себе немале ниту идеја за релативноста, кога биле во Градината Едемска.

На пример, како две дечиња би реагирале на примањето на една иста играчка, ако едното од децата било родено и израснато во богато семејство, а другото во сиромашно? Второто дете сигурно би било многу поблагодарно и повеќе би ѝ се радувало на играчката, од длабочината на своето срце, отколку детето коешто потекнува од богатата фамилија.

За да навистина ја сватите вредноста на некое нешто, ќе морате да го искусите сосема спротивното од тоа. Само тогаш, кога ќе страдате од болките на некоја болест, ќе можете да бидете во состојба да ја цените вистинската вредност на доброто здравје. Само тогаш, кога ќе станете свесни за смртта и за пеколот, ќе можете да бидете во состојба да ја цените вредноста на вечниот живот и да му се заблагодарите на Богот на љубовта од длабочината на своето срце, поради тоа што ви ги дава вечните Небеса.

Во Едемската Градина на изобилието, првиот човек Адам уживал во сето она што Бог му го дал, дури и во авторитетот да владее над секое друго суштество кое што било таму. Но бидејќи сето тоа изобилство на плодови не било резултат на неговата напорна работа и труд, Адам не бил во состојба да во целост ја свати важноста на сето тоа, ниту пак да му заблагодари на Бога за сите добрини. Значи само кога Адам бил избркан на овој свет и ги искусил солзите, тагата, маката, несреќата и смртта, само тогаш тој бил во состојба да ја свати разликата помеѓу радоста и тагата, и да свати колку се вредни слободата и просперитетот коишто Бог му ги дал во Градината Едемска.

Какво добро би ни направил вечниот живот, ако не ја познаваме радоста, ниту тагата? Иако можеби ќе се соочиме со потешкотии за некој мал одреден временски период, ако потоа можеме да сватиме и да кажеме, „Ова е радост!" нашите животи тогаш би станале повредни и поблагословени.

Има ли некои родители коишто не би си ги испратиле децата на школо да учат и би си ги оставиле дома, само поради тоа што знаат дека учењето е тежок процес? Ако родителите навистина си ги сакаат своите деца, тие ќе ги пратат своите деца на училиште и ќе ги поучуваат дека треба вредно да ги студираат тешките материјали, искусувајќи различни нешта на тој пат, а сето тоа за да можат да си изградат подобар живот за себе, во иднина.

Срцето на Бога, кој што го создал човештвото и кој што го култивира, е сосем исто такво. Поради истата таа причина, Бог го засадил дрвото за познавањето на доброто и на злото, и не го спречил Адама да проба од истото, понесен од својата слободна волја, дозволувајќи му да ја искуси радоста, лутината, тагата и задоволството, во текот на процесот на култивирањето на човештвото. Сето тоа е така бидејќи луѓето можат да го обожуваат Бога, кој што Самиот е љубовта и вистината, од длабочината на нивните срца, само по искусувањето на релативноста и сваќањето на вистинската љубов, радост и благодарност.

Низ процесот на човечката култивација, Бог сакал да се здобие со вистинските Божји чеда, коишто треба да го сватат Неговото срце и да го следат, живеејќи потоа заедно со Него на Небесата, споделувајќи ја помеѓу себе вечната и вистинската љубов, засекогаш.

## Култивацијата На Човештвото Започнала Во Израел

Кога првиот човек Адам бил изгонет од Градината Едемска по непочитувањето на Божјото Слово, не му било дадено правото да избира каде ќе се задоми, туку Бог Самиот одредил една област за него. Таа област била земјата Израел.

Во овој чин била вградена Божјата волја и провидение. По смислувањето на големиот план за култивацијата на човештвото, Бог ги избрал луѓето на Израелот, да бидат пример за таа култивација. Поради таа причина, Бог специјално му дозволил на Адама да го живее новиот живот во земјата каде што требало да израсне Израелската нација.

По поминувањето на подолг временски период, од Адамовите наследници се изродиле безброј нации, а нацијата на Израелот била изградена за време на Јакова, наследникот на Авраама. Бог посакувал да ја открие Својата слава и провидението за култивирањето на човештвото, преку историјата на Израел. Таа не била наменета само за Израелците туку и за сите други луѓе на светот. Затоа, историјата на Израел, кого што Бог Самиот го имаше под Своја власт, не претставува само обична историја на луѓето, туку претставува една божествена порака којашто се однесува на целото човештво.

Зошто тогаш, Бог го има избрано Израел за модел на култивирањето на човештвото? Тоа било поради супериорниот карактер на луѓето од Израел, или со други зборови, нивното одлично најинтимно битисување.

Израел е наследник на 'таткото на верата' Авраам, од кого што Бог бил навистина многу задоволен и исто така наследник и на Јакова, кој што бил толку многу упорен да се борел со Бога и превладал. Затоа иако луѓето од Израел дури и по губењето на својата татковина и живеењето на живот на скитници низ многу векови, тие не го изгубиле својот идентитет.

Над сé друго, луѓето од Израел го зачувале во текот на илјадници години Божјото Слово, кое што било проречено преку луѓето Божји и живееле во согласност со него. Се разбира, постоеле некои времиња во коишто целата нација се дистанцирала од Божјото Слово и грешела против Него, но сепак по некое време, се покајувале и му се враќале на Бога. Тие никогаш ја немале изгубено својата вера во нивниот ГОСПОД Бог.

Возобновувањето на независната држава Израел во 20 век, јасно ни покажува каков вид на срце имале тие луѓе, кои што биле Јаковови наследници.

Језекиил 38:8 ни кажува, *„По многу дни ќе бидеш повикан; во последните години ќе дојдеш во земјата којашто ќе биде обновена од мечот, чие што население ќе биде собрано од многуте нации и донесено до планините Израелски, коишто долго време беа запуштени; но жителите негови сега ќе бидат донесени од сите нации и тајно сигурно ќе живеат."* На ова место, „последните години" се однесува на крајот на светот, кога ќе биде крајот на култивацијата на човештвото и „планините Израелски" го означува градот Ерусалим, кој што бил сместен на околу 760 m (2,494 стапки) над морската површина.

Затоа, кога Пророкот Езекиил кажал дека голем број од „населението [ќе] биде собрано од многуте нации на планините Израелски," тоа значело дека Израелците ќе се соберат од сите страни на светот и ќе ја обноват државата Израел. Согласно со ова Слово Божјо, Израел, кој што бил уништен од страна на Римјаните во 70 Г. Х., ја објавил својата државност на 14 мај, 1948 година. Земјата не била ништо друго освен „запуштена" но денеска, Иараелците изградиле силна нација којашто никој не би се осмелил да ја запостави или предизвика.

### Целта поради којашто Бог ги избрал Израелците

Зошто Бог го започнал култивирањето на човештвото во земјата Израелска? Зошто Бог ги избрал луѓето од Израел и ја водел историјата на Израел?

Како прво, Бог сакал да им објави на сите нации, преку историјата на Израел, дека Тој е Создателот на Небесата и на земјата, дека Само Тој е вистинскиот Бог, како и тоа дека Тој е жив Бог. Преку студирањето на историјата на Израел, дури и незнабошщите лесно можеле да го почувствуваат присуството на Бога и да го сватат Неговото провидение, да ја води историјата на човештвото.

> *И тогаш сите луѓе на земјата ќе видат дека ти се нарекуваш по името на ГОСПОДА, и ќе се плашат од тебе* (Повторени Закони 28:10).

> *Благословен си ти, О Израеле; кој е како тебе, народ пазен од ГОСПОДА, кој ти е штит заштитник и меч на твојата величественост! Така твоите непријатели ќе ползат пред тебе, а ти ќе се упатиш на возвишените места* (Петта книга Мојсеева – Повторени Закони 33:29).

Божјиот избраник Израел, уживал една голема привилегија и сето тоа лесно можеме да го видиме во неговата историја.

На пример, кога Раав примила двајца млади луѓе, испратени од страна на Исуса Навина за да шпијунираат во земјата Ханаанска, таа им кажала, *„Слушнавме дека ГОСПОД ја исушил водата од Црвеното Море пред вас, кога сте излегувале од Египет и слушнавме за тоа што сте им направиле на двајџта аморејски кралеви, од онаа страна на Јордан, Сион и Ог, коишто тотално сте ги уништиле. Кога го слушнавме сето тоа, срцата ни се стегнаа и никаква храброст не остана во нив поради вас; затоа што ГОСПОД, вашиот Бог е Бог на небесата горе и на земјата долу"* (Исус Навин 2:9-11).

За време на Израелското заробеништво во земјата

Вавилон, Даниил чекорел со Бога, а Навуходоносор, Кралот Вавилонски го доживеал Бога, кој што чекорел со Даниила. Откако кралот доживеал да го искуси Бога, тој само можел да каже, *„Сега јас Навуходоносор, вознесувам слава и го величам Кралот Небесен, бидејќи сите дела Негови се вистинити и патиштата Негови праведни, и Тој е способен да ги покори и смири сите оние кои што во гордост чекорат"* (Даниил 4:37).

Истото нешто се има случено и кога Израел бил под власта на Персија. Откако видела како живиот делува и ѝ одговара на молитвата на Кралицата Естира, таа кажала, *„многу од народите на земјата станаа Јудејци, бидејќи стравот од Евреите беше паднал врз нив"* (Естира 8:17).

Значи, секогаш кога незнабошците ќе го доживееле и искуселе живиот Бог, кој што делувал за Израелците, тие почнувале да се плашат и да го обожуваат Бога. Па дури и нивните потомци ја спознаваат величественоста на Бога и почнуваат да го обожуваат, кога ќе доживеат слични настани и примери.

Како второ, Бог го избрал Израелот и го водел неговиот народ, за да низ историјата на Израелот човештвото можело да ја види и да ја свати причината поради која Тој ги создал луѓето и ги подложил на процесот на култивација.

Бог го култивира човештвото поради тоа што Тој сака да се здобие со вистински Божји чеда. Вистинските чеда

Божји се оние кои што го следат Бога, кој што ја претставува добрината и љубовта во самата суштина, и кои што се праведени и свети. Сето тоа е така бидејќи таквите чеда Божји го сакаат и живеат според Неговата волја.

Кога Израел живеел во согласност со Божјите заповеди и кога верно му служел, Тој тогаш ги поставил Израелците над сите други луѓе и нации. Или спротивно на тоа, кога Израелците им служеле на некои идоли и биле брзи во заборавањето на Божјите заповеди, тие тогаш биле субјект на сите видови на страдања и несреќи, како што се на пример војните и природните катастрофи, па дури и паѓањето во заробеништво.

Низ секој чекор на овој процес, Израелците научиле да се покоруваат и смируваат себеси пред Бога, а секој пат кога ќе се покореле пред Него, Бог им возвраќал со преголема милост и љубов, водејќи ги кон прегратката на Неговата благодет.

Кога Кралот Соломон го сакал Бога и ги запазувал Неговите заповеди, тој тогаш уживал во големата слава и сјајниот раскош коишто му биле дадени, но кога почнал да се оддалечува себеси од Бога и да им служи на идолите, славата и сјајот коишто ги уживал почнале да бледеат и да исчезнуваат. Кога кралевите Израелски, како што биле Давид, Јосафат и Езекија, оделе во рамките на законот Божји, тогаш земјата била силна и напредна, но исто така спротивно на тоа, таа била слаба и претставувала субјект на страни инвазии, во времето кога била владеена од страна на кралеви кои што ги избегнувале Божјите патишта.

Историјата на Изреалот на овој начин, многу јасно ни ја открива волјата на Бога и служи како еден вид на огледало коешто ја рефлектира Неговата волја, покажувајќи им ја на сите луѓе и нации. Неговата волја ни објавува дека кога луѓето ќе се формираат во согласност со Божјиот лик и подобие, кога ќе ги запазат Неговите заповеди, станувајќи осветени во согласност со Неговото Слово, тогаш тие ќе го примат Неговиот благослов и ќе живеат за Неговата слава.

Израел бил избран за да го открие и да им го објави на нациите низ светот Божјото провидение, примајќи навистина величествени благослови, служејќи му Нему како нација на свештеници одговорни за ширењето на Божјото Слово. Дури и кога неговите луѓе грешеле, Бог им ги проштевал гревовите, враќајќи ги во славата, ако само се покаеле и ако биле со скромно срце, онака како што и им беше ветил на нивните прататковци.

Најголем од сите други благослови бил благословот на славата, кој што им го ветил како на Неговите избрани луѓе, кажувајќи им дека Месијата ќе дојде и ќе живее меѓу нив.

# Големите Претци

Низ долгата историја на човештвото, Бог го заштитил Израелот, земјаќи го под Неговото крило, испраќајќи во одредено време некои Божји луѓе, со цел неговото име никогаш да не исчезне. Тие Божји луѓе истапиле како погодните плодови коишто биле во согласност со Божјото провидение за култивирањето на човештвото, поштувајќи го и придржувајќи се кон Словото Божјо, со љубовта за Бога. Бог ја поставил базата на Израелската нација низ големите претци на Израелот.

### Авраам, Таткото На Верата

Авраам бил обележан како таткото на верата, поради неговата вера и послушност кон Бога, од кој што требало да излезе една голема нација. Тој бил роден пред околу четири илјади години, во областа Ур на Халдејците, и откако бил повикан од страна на Бога, тој ја добил Божјата љубов и препознавање, дури до она ниво што бил наречен Божјиот „пријател."

Бог го повикал Авраама и му го дал следното ветување:

*Излези од земјата своја и од родот свој, и од домот на таткото твој, па појди во земјата што ќе ти ја покажам Јас; па од тебе ќе направам голем народ и ќе те благословам, и името твое ќе го прославам; и ти ќе бидеш благословен* (Битие 12:1-2).

Во тоа време, Авраам не бил веќе млад човек, немал наследник и немал ниту идеја каде ќе оди; затоа и не било лесно еден човек така да се покори на таквото барање. Иако не знаел каде тргнал, Авраам отишол бидејќи тој единствено и целосно верувал во Словото на Бога, кој што никогаш не си го прекршувал Своето ветување. Затоа Авраам чекорел низ верата во сето што го правел, па потоа во текот на неговиот живот ги примил сите благослови што Бог му ги имал ветено.

Авраам не само што покажал совршена покорност кон Бога и дела на верата, туку секогаш се трудел да има добрина и мир со луѓето кои што биле околу него.

На пример, кога Авраам отишол од Аран во согласност со Божјата заповед, неговиот внук по име Лот, отишол заедно со него. Кога нивните имоти станале големи, Авраам и Лот не можеле веќе да останат заедно на едно исто земјиште. Недоволноста на пасишта и на вода довела до „борба помеѓу пастирите на Араамовиот добиток и пастирите на Лотовиот добиток" (Битие 13:7). Иако Авраам бил многу постар од

Лота, тој не инсистирал, ниту барал нешто во своја корист. Тој му дал на својот внук да ја избере најдобрата земја. Во Битие 13:9, тој му кажал на Лота, *"Не стои ли пред тебе целата земја? Те молам одвои се од мене; ако ти отидеш налево, јас ќе отидам надесно; или пак ако ти отидеш надесно, јас ќе отидам налево."*

Поради тоа што Авраам бил човек со чисто срце, тој не можел да земе ниту конец, ниту ремен од обувки, ниту било што друго, што му припаѓало на некој друг (Битие 14:23). Кога Бог му кажал на Авраама дека градовите Содом и Гомора биле натопени во гревот и дека ќе бидат уништени, Авраам, човекот со духовната љубов, усрдно го молел Бога за нивно проштевање и успеал да добие ветување дека градот Содом нема да биде уништен ако во него можеле да се најдат барем десет преведни луѓе.

Добрината и верата на Авраама биле совршени до тој степен што тој бил спремен да го жртвува дури и својот еден и единствен син, понудувајќи го како жртва сепаленица.

Во Битие 22:2, Бог му заповедал на Авраама, *"Земи го сега твојот еден и единствен син, Исак, кого што толку многу го сакаш, и оди во земјата Морија и понуди го како жртва сепаленица на една од планините којашто ќе ти ја покажам."*

Исак бил син кој што му се родил на Авраама кога тој бил на сто годишна возраст. Пред да се роди Исак, Бог веќе му кажал на Авраама дека оној кој што ќе произлезе од него ќе биде негов наследник и дека ќе се умножат неговите потомци, по број одговарајќи им на бројот на ѕвездите. Ако Авраам решел да ги следи телесните мисли, тој тогаш не би бил способен да ѝ се повинува на заповедта на Бога и да го понуди Исака, онака како што од него било побарано. Но Авраам веднаш се повинувал на барањето, без да бара било какво објаснение или причина за тоа.

Во моментот кога Авраам ја кренал раката за да го заколе Исака, откако прво изградил олтар, тогаш ангел Божји му се обратил и му рекол, *„Аврааме, Аврааме! Не кревај ја раката своја врз детето, и не прави му ништо; затоа што сега знам дека се плашиш од Бога, штом не зажали ниту за единствениот син свој, поради Мене"* (Битие 22:11-12). Колку ли благословена и трогателна сцена е тоа?

Бидејќи тој никогаш не се потпирал на ниту една телесна мисла, не постоеле ниту конфликт, ниту некаква вознемиреност во неговото срце, па тој можел само со верата да ѝ се повинува на заповедта Божја. Тој ја ставил целата своја доверба во верниот Бог, кој што сигурно го исполнува сето она што го има ветено, семоќниот Бог кој што може да ги оживее мртвите и Богот на љубовта, кој што посакува да им подари на своите чеда само добри нешта. Бидејќи Авраамовото срце исполнето само со покорност и ги покажувало само делата на верата, Бог го прифатил Авраама како таткото на верата.

*Затоа што направи така и не зажали за својот син, твојот еден и единствен син, навистина многу ќе те благословам, потомството твое ќе го умножам да биде како ѕвездите на небото и како песокта на морскиот брег; А потомците твои ќе завладеат со градовите на нерпијателите свои. Преку потомството твое ќе бидат благословени и сите народи на земјата, бидејќи ти му се покори на Мојот глас* (Битие 22:16-18).

Авраам ја поседувал толкавата магнитуда на добрина и вера да многу му угодувал на Бога, па поради тоа и бил наречен „пријател" на Бога и бил сметан за таткото на верата. Тој исто така станал и татко на сите нации и изворот на сите благослови, исто како што Бог му имал ветено, кога за прв пат го повикал, *„И ќе ги благословам оние кои што тебе ќе те благословуваат, а ќе ги преколнам оние кои што тебе ќе те преколнуваат. И преку тебе ќе бидат благословени сите народи на земјата"* (Битие 12:3).

## Божјото Провидение Преку Јакова, Таткото На Израелот И Преку Јосифа Сонувачот

Исак бил роден од страна на Авраама, таткото на верата, а нему му се родиле два сина, Исав и Јаков. Бог го избрал Јакова, чиешто срце било супериорно во споредба со она на неговиот брат, уште додека бил во матката на својата мајка. Јаков подоцна ќе биде наречен „Израел" и ќе биде изворот на нацијата на Израелот и татко на Дванаесетте Племиња.

Јаков му го купил роденото право на својот постар брат, нудејќи му една чинија супа од леќа и му го одземал благословот така што го измамил таткото свој Исак, што значи дека многу го пожелувал Божјиот благослов и духовните нешта. Јаков имал измамнички карактерни црти во себе, но Бог знаел дека штом еднаш ќе биде трансформиран, ќе стане еден навистина величествен духовен сад. Поради таа причина, Бог дозволил да врз Јакова паднат дваесет години на искушение, за да тој на крајот биде целосно скршен и стане понизен и покорен.

Кога Јаков му го одземал на постариот брат Исав роденото право, користејќи вешт, измамнички начин, Исав се обидел да го убие, па затоа Јаков бил приморан да избега од него. По сето тоа, Јаков отишол да живее кај вујко му Лаван, на неговите пасишта и кај неговите стада овци и кози. Тој таму морал многу напорно да работи, за да се грижи за овците и козите на својот вујко. Па затоа во Битие, 31:40 тој се исповедал, *„Дење ме измачуваше горештина а ноќе студот, и сонот ми бегаше од очите."*

Бог ѝ плаќа на секоја индивидуа во согласност со тоа што таа го има посеано. Тој видел дека Јаков сето тоа го правел со вера, па затоа го благословил со големо богатство. Кога Бог му кажал да се врати во својата татковина, Јаков го напуштил земјиштето на Лабана и тргнал накај дома, заедно со неговата фамилија и сиот негов имот. Пред да стигне до реката Јабок, Јаков слушнал дека неговиот брат Исав бил на другата страна, заедно со 400 луѓе.

Јаков не можел да се врати на Лабановото земјиште, бидејќи му имал дадено ветување на својот вујко. Но исто така не можел ниту да ја помине реката и да тргне натаму кон Исава, кој што горел од чувството и желбата за освета. Наоѓајќи се во таква дилема, Јаков веќе не се потпирал на својата мудрост, туку решил да го стави сето тоа во Божји раце, кажувајќи молитва кон Бога. Исчистувајќи се себеси во целост од секакви рамки коишто би произлегле од неговите мисли, Јаков искрено во молитва му се обратил на Бога, дури до она ниво да си го дислоцирал своето бедро.

Јаков се борел со Бога и надвладеал, па затоа Бог го благословил кажувајќи му, *„Отсега натаму твоето име нема веќе да биде Јаков, туку Израел; бидејќи се бореше со Бога и со луѓето и надвладеа"* (Битие 32:28). Потоа Јаков можел исто така и да се помири со својот брат Исав.

Причината поради која Бог го избрал Јакова лежела во тоа што тој бил толку многу упорен и исправен, што низ искушенијата и испитувањата би можел да стане величествен сад, којшто ќе ја одигра значајната улога во историјата на Израелот.

Јаков имал дванаесет синови и тие дванаесет синови ги поставиле основите за формирањето на нациите на Израелот. Сепак, бидејќи тие сеуште биле само племе, Бог планирал да ги стави во границите на Египет, кој што тогаш бил силна земја, сé додека потомците на Јакова не станат голема нација.

Овој план бил направен поради љубовта на Бога, кој што

сакал да ги заштити од другите нации. Личноста на која што й била доверена оваа монументалната задача бил Јосиф, кој што бил единаесетиот син на Јакова.

Од дванаесетте синови кои што ги имал, Јаков бил навистина наклонет кон Јосифа што сакал да му облекува различни разнобојни туники и други нешта. Така Јосиф станува предмет на омраза и љубомора кај своите браќа и затоа тие го продале и го предале на животот во ропство во Египет, кога тој имал седумнаесет години. Но тој никогаш не се пожалил за ваквата судбина, ниту пак ги замразил своите браќа.

Јосиф бил продаден на куќата на Петефри, фараонскиот официр, капетанот на гардата. Таму тој вредно и верно работел и се здобил со наклоноста и довербата од страна наПетефри. Затоа Јосиф станал надзорник во куќата на Петефри и му било дадено да се грижи за сите работи во домаќинството.

Но настанал проблем поради тоа што Јосиф бил убав по изглед, па жена му на господарот почнала да му се додворува. Јосиф бил праведен и навистина се плашел од Бога, така што кога таа почнала да го заведува, тој храбро й одговорил, „Како можам јас да го направам ова големо зло и грев против Бога?" (Битие 39:9)

После сѐ, поради нејзините нереални обвинувања, Јосиф бил затворен во занданата каде што биле затворани кралските затвореници. Дури и во затворот, Бог бил со

Јосифа и ја имал Неговата наклоност на своја страна, па наскоро Јосиф станал главен за тоа „што се правело" во затворот.

Поучен од сите овие чекори во неговиот живот, Јосиф бил во состојба да се здобие со голема мудрост, со која подоцна ќе можел да ја предводи нацијата, да ги култивира државните средства и да стане величествен сад којшто ќе може да смести голем број на луѓе во своето срце.

По толкувањето на Фараоновите соништа и нудењето на мудри решенија за проблемите со кои што ќе морал да се соочи Фараонот и неговите луѓе, Јосиф станал вториот по значај владетел во Египет, веднаш по Фараонот. Значи така, по Божјото длабоко провидение и низ оние испитувања кои што му биле дадени на Јосифа, Бог го ставил Јосифа на местото на вицекрал, кога бил на 30 годишна возраст, во едната од најсилните нации од тоа време.

Токму како што Јосиф предвидел толкувајќи ги Фараонските соништа дека седум годишна глад ќе го погоди Блискиот Исток вклучувајќи го и Египет. Бидејќи веќе имал направено одредени припреми за тај настан, Јосиф бил во можност да им даде помош на сите Египјани. Јосифовите браќа, кои што дошле во Египет во потрага по храна, се сретнале со својот брат и наскоро целата фамилија била соединета во Египет, каде што живееле во напредок и просперитет, поплочувајќи го патот за раѓањето на Израелската нација.

## Мојсеј: Големиот Водач Којшто Направил Исходот Да Стане Реалност

Откако се сместиле во Египет, Израелските потомци се зголемиле по број и напреднале во просперитетот, така што наскоро станале доволно големи и доволно бројни за да формираат своја сопствена нација.

Кога на власт дошол новиот крал којшто не го познавал Јосифа, започнал да се брани од просперитетот и јачината на Израелските потомци. Кралот и официјалните судски службеници започнале да им го загорчуваат животот на Израелците терајќи ги на напорна работа со малтер и тули и секаква друга работа по полето, којашто им била строго наметнувана и барана од нив (Исход 1:13-14).

Но сепак, *„колку повеќе беа измачувани [Израелците], толку повеќе се множеа и се нишреа"* (Исход 1:12). Фараонот наскоро издал наредба сите Израелски момчиња да бидат убивани уште по раѓањето. Слушајќи го Израелскиот повик за помош поради ваквото ропство, Бог се сетил на заветот којшто им го дал на Авраама, Исака и Јакова.

> *И ќе ти ја дадам тебе и на потомството твое по тебе, земјата во која си придојден, сета земја Хананска, во вечно владение; и ќе им бидам нивни Бог* (Битие 17:8).

*Земјата што им ја дадов на Авраама и Исака, ќе ти ја дадам тебе, и ќе им ја дадам на твоите потомци по тебе* (Битие 35:12).

За да ги изведе синовите Израелеви надвор од ова маченииштво и да ги поведе кон земјата Хананска, Бог припремил еден човек којшто безусловно ќе ги почитува Неговите заповеди и ќе ги води луѓето со своето срце.

Таа личност бил Мојсеј. Неговите родители го криеле Мојсеја во текот на три месеци по неговото раѓање, но кога веќе не можеле да го прават тоа, тие го ставиле во една плетена кошница, којашто ја ставиле помеѓу трските коишто биле на крајбрежјето на река Нил. Кога Фараоновата ќерка го открила детето коешто било во таа плетена кошница, таа одлучила да си го задржи како да е нејзино. Тогаш сестрата на бебето којашто стоела во далечина и набљудувала што ќе му се случи на бебето, ѝ ја препорачала биолошката мајка на бебето, да ѝ биде доилка за него.

Значи дека Мојсеј бил одгледан во кралската палата од страна на својата биолошка мајка, па така на тој начин, природно дека научил сѐ за Бога и за Израелците, за својот народ.

Еден ден, тој видел како еден Јудеец бил тепан од страна на Египјанин и во лутина го убил Египјанинот. Кога се дознало за ова, Мојсеј избегал поради присуството на Фараонот и се населил во земјата Мадијамска. Тој бил пастир во текот на четириест години, а сето тоа било дел од провидението на Бога, кој што сакал да го припреми Мојсеја да биде водач во време на Исходот.

Во времето кога Бог избирал, Тој го повикал Мојсеја и му заповедал да ги изведе Израелците надвор од Египет и да ги поведе кон земјата Ханаанска, каде што течело мед и млеко.

Но бидејќи срцето на Фараонот му се отврднало, тој не сакал да ја чуе заповедта дадена од страна на Бога, искажана преку Мојсеја. Како резултат на сето тоа, Бог нанел Десет Зла коишто паднале врз Египет, насилно изнесувајќи ги Израелците од земјата Египетска.

Дури по страдањето на смртта на првородените синови, Фараонот и неговите луѓе клекнале пред Бога и ги ослободиле Израелците од ропството. Самиот Бог ги водел Израелците по секоја стапка од нивниот пат; Бог исто така и го разделил Црвеното Море за да тие можат да поминат на другата страна, одејќи по суво земјиште. Кога немале вода за пиење, Бог направил таа да почне да тече од една карпа, а кога немале храна за јадење, Бог им испратил мана и потполошки. Бог ги изведувал овие чуда и чудеса преку Мојсеја, за да се осигура опстанокот на милионите Израелци коишто биле во дивината во текот на четириесет години.

Верниот Бог ги повел луѓето на Израелот кон земјата Ханаанска, преку Исуса Навина, Мојсеевиот наследник. Бог им помогнал на Исуса Навина и на неговите луѓе да ја поминат реката Јордан, по Божјиот пат и им дозволил да го завземат градот Ерихон. Преку Неговите начини Бог им дозволил да го завземат и да го поседуваат поголемиот дел од земјата Ханаанска, каде што течеле мед и млеко.

Се разбира дека освојувањето на земјата Ханаанска не било само Божји благослов даден на Израелците, туку исто така и резултат на Неговата праведна осуда над населението во Ханаан, коишто станале расипани и грешни, полни со зло. Жителите на земјата Ханаанска станале многу расипани и затоа морале да бидат субјект на осуда, па затоа според Неговата праведност, Бог ги повел Израелците кон освојувањето на нивната земја.

Како што Бог му кажал на Авраама, *„Во четвртата генерација тие ќе се вратат тука"* (Битие 15:16), Авраамовите потомци Јаков и неговите синови ја напуштиле земјата Ханаанска и тргнале кон Египет, се населиле таму, а нивните потомци потоа се вратиле во земјата Ханаанска.

### Давид Воспоставува Моќен Израел

По освојувањето на земјата Ханаанска, Бог владеел над земјата Израелска преку судиите и пророците за време на Периодот на Судиите и потоа, Израел станал кралство. Во времето на владеењето на Кралот Давид, кој што го сакал Бога пред сѐ друго, се воспоставиле основите на нацијата.

Во својата младост, Давид убил еден голем Филистејски воин, употребувајќи само прачка и камен, па во препознавањето на неговоата служба на бојното поле, Давид бил поголем дури и над луѓето војници коишто биле во армијата на Кралот Саул. Кога Давид се вратил дома по победата над Филистејците, голем број од жените пееле додека играле кажувајќи, „Саул уби илјадници, а Давид десетици илјади." Па сите Израелци почнале да го сакаат Давида. Кралот Саул затоа, поведен од љубомората почнал да кове завера како да го убие Давида.

Среде Сауловиот очаен прогон, Давид имал две шанси да го убие кралот, но одбил да го стори тоа, бидејќи не сакал да го убие кралот којшто бил помазан од страна на Бога. Тој единствено правел само добри нешта кон кралот. Во една случка, Давид дури и се поклонил, ставајќи го лицето до земјата, паѓајќи ничкум и му кажал на Кралот Саул, *„Еве гледај сега, мој татко! Навистина види го крајот на твојата облека во мојата рака! Бидејќи јас го искинав крајот од облеката твоја и не те убив, знај и свати дека во моите раце нема зло ниту побуна, и дека немав згрешено против тебе, иако ти лажеш и сакаш да ми го земеш животот"* (1 Самуил 24:11).

Давид, човекот којшто го имал Божјото срце, ја барал добрината во сите нешта, па дури и по неговото крунисување како крал. За време на своето владеење, Давид владеел со кралство спроведувајќи ја правдата, па затоа и успеал да го зајакне кралството. Како што Бог чекорел заедно со кралот, така Давид бил победоносен во сите негови војни коишто ги водел против своите соседи, Филистејците, Моавитите,

Амалчаните, Амонитите и Едомитите. Тој ги проширил териториите на Израелот и пленот и признанијата добиени во војните само го зголемиле богатството на Давидовото кралство. Согласно со сето тоа, тој уживал во еден перид на просперитет.

Давид исто така го преместил Божјиот ковчег на заветот во Ерусалим, ги воспоставил процедурите за принесувањето на жртвите и ја зајакнал верата во ГОСПОДА Бога. Кралот исто така го засновал градот Ерусалим како политички и религиозен центар на кралството, правејќи ги сите припреми за изградбата на Светиот Храм на Бога, којшто ќе биде изграден во времето на владеењето на неговиот син Кралот Соломон.

Гледајќи на историјата на Израелот, можеме да видиме дека тој никогаш не бил посилен и повеличествен од времето на владеењето на Кралот Давид, на кого што неговите луѓе му се восхитувале и му ја оддавале славата на Бога. Како врв на сето ова, колку ли голем предок бил Давид, што Месијата требало да дојде од неговите потомци?

## Илија Ги Води Израелските Срца Назад Кон Бога

Синот на Кралот Давид, Соломон, ги обожувал идолите во неговите последни години, па кралството било поделено на пола по неговата смрт. Од дванаесетте племиња на Израелот, десет од нив го формирале Кралството Израел на север, додека останати племиња го формирале Кралството Јудеја на југот од земјата.

Во Кралството Израел, Пророците Амос и Осија им ја откриле Божјата волја на Неговите луѓе, додека Пророците Исаија и Еремија го спроведувале своето свештенствување во Кралството Јудеја. Кога и да дошло времето за Неговото избирање, Бог ги испраќал Своите пророци за да ја спроведе Својата волја преку нив. Едниот од нив бил Пророкот Илија. Тој го спроведувал своето свештенствување за време на владеењето на Кралот Ахав во северното кралство.

Во Илииното време, Незнабожачката кралица Езавел го донела Баал во Израелот и тогаш почнало неконтролираното идолопоклонување низ целото кралство. Првата мисија што Пророкот Илија требало да ја изведе била да му каже на Кралот Ахав дека нема да падне дожд во Израелот во наредните три и пол години, како резултат на Божјата осуда заради нивното идолопоклонување.

Кога му било кажано на пророкот дека кралот и кралицата се обидувале да го убијат, Илија избегал во Сарепта, која што му припаѓала на Сидон. Таму него му било дадено малку храна од страна на една вдовица, па како резултат на тоа Илија го манифестирал чудесното благословување врз неа, правејќи да нејзиниот сад за брашно не се празнел иако таа земала од него, ниту пак садот со маслото ѝ се испразнил, сè додека траел периодот на гладта. Подоцна Илија ѝ го оживеал и нејзиниот мртов син.

На врвот на планината Кармел, Илија водел битка против 450-те пророци на Баала и на Ашера, и го спуштил од Небесата Божјиот оган. За да успее да ги одврати срцата на Израелците од идолопоклонството и да успее да ги врати на патот кон Бога, Илија го поправил олтарот на Бога, ставил вода над понудите и над олтарот, искрено молејќи му се на Бога.

> *„О ГОСПОДИ, Боже на Авраама, Исака и Израела, денеска нека се знае дека Ти си Бог во Израелот и дека јас сум Твој слуга и дека ги имам направено сите тие нешта според Словото Твое. Одговори ми, О ГОСПОДИ, одговори ми дека овие луѓе знаат дека Ти, О ГОСПОДИ, си Бог и дека Ти ги имаш повторно вратено нивните срца." Тогаш падна оган од ГОСПОДА и ги голтна жртвата сепаленица и дрвото и камењата и прашината, и ја излижа водата што беше во ровот. Кога сите луѓе го видоа тоа, паднаа ничкум и кажаа, „ГОСПОД, Тој е Бог; ГОСПОД, Тој е Бог." Тогаш Илија им кажа, „Фатете ги пророците на Баала; не дозволувајте ниту еден од нив да избега." Па така ги фатија; и Илија ги сведе до потокот Кишон, каде што ги убија (1 Кралеви 18:36-39).*

Тој исто така го донел дождот од небото, по три и пол годишната суша, ја преминал реката Јордан како да чекори по суво и пророкувал за нештата коишто требале да се случат. Манифестирајќи ја Божјата чудесна сила, Илија јасно сведочел за живиот Бог.

2 Кралеви 2:11 ни кажува, *„Како што [Илија и Елисеј] чекореа заедно и зборуваа, ете, се појави огнена кочија со огнени коњи коишто ги одвоија. Илија тогаш отиде на Небесата понесен во виорот."* Бидејќи Илија многу му угодувал на Бога со неговата голема вера до крајни граници, тој ја примил Неговата љубов и препознавање, така што Пророкот се воздигнал во Небесата понесен низ виорот, не соочувајќи се со смртта.

## Даниил Им Ја Открива Божјата Слава На Нациите

Сто и педесет години подоцна, околу 605-та година пред Христа, во третата година од владеењето на Кралот Јоаким, Ерусалим паднал под инвазијата на Кралот Навуходоносор од Вавилон, и тогаш многу членови од кралското семејство, од Кралството Јудеа, биле земени како заробеници.

Како дел од политиката на помирување којашто ја почнал Навуходоносор, кралот му наредил на Асфеназа, главниот на службениците, да му донесе некои од синовите Израелеви, вклучително и некои од кралската фамилија и од племството, некои млади луѓе кои што биле без дефекти, кои што биле со убав изглед, интелегентни и мудри, обдарени со разбирање и сваќање во знаењето, и кои што ја имале способноста да служат во кралскиот суд. Кралот наредил да ги поучува овие млади луѓе на литературата и јазикот на Халдејците, а меѓу нив бил и младиот Даниил (Даниил 1:3-4).

Но сепак, Даниил решил да не се сквернави себеси со јадењето на избраната кралска храна или со виното коешто тој го пиел, и побарал дозвола од главниот на службениците да може да не се сквернави себеси на тој начин (Даниил 1:8).

Иако бил воен заробеник, Даниил го примил Божјиот благослов, плашејќи се од Бога при делувањето во секое нешто во својот живот. Бог му ги дал на Даниила и на неговите пријатели знаењето и интелегенцијата во секој дел од литературата и мудроста. Даниил дури ги разбирал и сите видови на визии и соништа (Даниил 1:17).

Поради тој факт, тој продолжил да се здобива со наклоност и препознавање од кралевите, дури и по нивното сменување на престолот. Препознавајќи го Данииловиот извонреден дух, Кралот Дариј од Персија сакал да го постави како главен над целото кралство. Затоа една група од судските службеници станала љубоморна на Даниила и почнала да бара основа за да го обвини, во врска со некои државни нешта. Но тие никако не можеле да најдат ниту една основа по која би можеле да го обвинат за нешто, ниту пак некаков доказ за корумпираност.

Кога дознале дека Даниил му се молел на Бога три пати во текот на денот, комесарите и намесниците отишле кај кралот и побарале од него да направи закон според кој ако некој му се помоли на било кој бог или човек освен на кралот во текот на еден месец, да биде фрлен во лавовското дувло.

Даниил не се поколебал; дури и под ризикот да ја изгуби својата репутација, високата позиција, па дури и својот живот, со тоа што можел да биде фрлен во лавовското дувло, тој продолжил да му се моли на Бога, свртен со лицето кон Ерусалим, како што и претходно си го имал правено тоа.

По наредба на кралот, Даниил бил фрлен во лавовското дувло, но бидејќи Бог испратил Свој ангел којшто им ги затворил муцките на лавовите, Даниил бил неповреден. Кога дознал за ова, Кралот Дариј ги напишал овие зборови на секој од јазиците коишто се зборувале во неговите земји, во повелбата преку којашто им кажувал на луѓето да пеат песни пофалници и да му ја оддаваат славата на Бога:

*Издавам повелба до секоја област на кралството мое да луѓето треперат и се плашат од Данииловиот Бог; Бидејќи Тој е жив Бог кој што вечно живее, И кралството Негово е непобедливо, И владението Негово е бескрајно. Тој избавува и спасува и изведува знаци и чудеса на небото и на земјата, Тој го избави Даниила од силата на лавовите* (Даниил 6:26-27).

Како прилог на предците на верата коишто биле признаени во славата кон Бога, споменати горе во текстот, не постои доволно хартија, ниту мастило, за во целост да се опишат делата на верата на Гидеона, Барака, Самсона, Јефтаја, Самуила, Исаија, Еремија, Езекиела, Данииловите тројца пријатели, Естер и сите други пророци коишто се претставени во Библијата.

### Големите Предци За Сите Нации На Земјата

Од најраните денови на народот на Израелот, Бог лично го исцртувал текот и ја водел неговата историја. Секојпат кога Израел ќе се најдел во некаква криза, Бог ги избавувал луѓето преку испратените пророци коишто Тој ги имал припремено за тоа, насочувајќи ја со тоа историјата на Израелот.

Затоа, за разлика од историјата на другите народи, историјата на Израелот секогаш се одвивала според провидението на Бога, од деновите на Авраама па сé до кајот на вековите, во согласност со Божјиот план.

Бог ги одредил и употребил татковците на верата меѓу луѓето на Израелот, за спроведувањето на Своето провидение и план, не само заради Неговите избрани луѓе Израелците, туку и за сите други луѓе на светот, коишто ја имаат верата во Бога.

> *Од Авраама сигурно ќе произлезе голема и силна нација, а преку него, сите нации на земјата ќе бидат благословени (Битие 18:18).*

Бог посакува да „сите нации на земјата," станат Авраамови чеда според верата и да го примат благословот даден на Авраама. Тој на себе не го примил благословот само за

Неговите избрани луѓе, Израелците. Бог му ветил на Авраама во Битие 17:4-5, дека тој ќе стане татко на многу народи, а во Битие 12:3, Бог кажува дека сите фамилии на земјата ќе бидат благословени преку него, исто како што е кажано во Битие 22:17-18, дека сите народи на земјата ќе бидат благословени преку потомството негово.

Уште повеќе, преку историјата на Израелот, Бог ја отворил патеката по која сите нации на земјата ќе можат да дознаат дека само ГОСПОД Бог е вистинскиот Бог, ќе можат да му служат и да станат Негови вистински чеда, коишто го сакаат.

> *Дозволив да Ме бараат оние кои што не прашуваа за Мене; Дозволив да Ме најдат оние кои што не Ме бараа. Им кажав, 'Еве Ме, еве Ме,' на народите кои што не го повикуваа Моето име* (Исаија 65:1).

Бог ги поставил големите татковци и лично ја водел и управувал историјата на Израелот, за да дозволи и Незнабошците и Неговите избрани Израелци, да можат да го повикуваат Неговото име. Бог ја постигнал историјата на култивацијата на човештвото дотогаш, но тогаш Тој смислил друг прекрасен план преку којшто ќе го спровел провидението за човечката култивација и на незнабошците исто така. Затоа кога дошло времето да Неговиот Син биде испратен во земјата Израел, Тој бил испратен не само како Месијата на Израелот туку и како Месијата на целото човештво.

# Луѓето Кои Што Зборувале За Господа Исуса Христа

Низ историјата на култивацијата на човештвото, Израел секогаш бил во центарот на исполнувањето на Божјото провидение. Бог се открил Себеси на татковците на верата, им ветил некои нешта коишто требало да се случат, а потоа и ги исполнил, токму онака како што ги имал ветено. Тој исто така им кажал на Израелците дека Месијата ќе дојде од племето на Јуда и од куќата на Давида и дека Тој ќе ги спаси сите народи на земјата.

Затоа Израел го очекувал Месијата за којшто било проречено во Стариот Завет. *Тој Месија бил Исус Христос*. Се разбира, луѓето коишто верувале во Јудаизмот не го препознале Исуса како Синот Божји и како Месија, туку и понатаму го очекувале доаѓањето на Месијата.

Сепак Месијата којшто го очекува Израелот и Месијата за којшто е напишана следната Глава во текстот, е истата, единствена личност.

Што кажуваат луѓето за Исуса Христа? Ако ги испитате пророштвата за Месијата и нивното исполнување, како и квалификациите за Месијата, вие единствено би можеле да го потврдите фактот дека Месијата кого што Израел го очекува е никој друг, туку Исус Христос.

## Павле, Прогонителот На Исуса Христа Се Преобратува Во Негов Апостол

Павле бил роден во Тарс, Киликија, денешна Турција, пред околу 2000 години, а неговото родено име му било Саул. Саул бил обрезан на осмиот ден по неговото раѓање, бил од народот Израелски, од племето на Венјамина, и Евреј на Евреите. Саул бил безгрешен, споредено со правдата запишана во Законот. Тој бил обучуван од страна на Гамалиил, учителот на Законот, којшто бил многу почитуван меѓу луѓето. Тој живеел стриктно според законот на неговите татковци и имал државјанство на Римската Империја, којашто била најсилна држава во светот, во тоа време. Со други зборови кажано, тој немал недостиг од ништо што се однесувало на телесните нешта, како што се семејството, потеклото, знаењето, богатството или авторитетот.

Бидејќи над сѐ друго го сакал Бога, со особена жар ги прогонувал следбениците на Исуса Христа. Кога слушнал дека Христијаните тврделе дека распнатиот Исус бил Синот Божји и Спасителот и дека Исус воскреснал на третиот ден по Неговиот закоп, Саул го сметал сето тоа за рамно на богохулие против Самиот Бог.

Тој исто така сметал дека следбениците на Исуса Христа претставувале закана за Фарисејскиот Јудаизам, којшто тој самиот страствено го следел. Поради таа причина, Саул неуморно ги прогонувал Христијаните и ги уништувал црквите, станувајќи водечка личност во заробувањето на верниците во Исуса Христа.

Тој затворил голем број на Христијани и гласал за нивната смрт кога се одлучувало дали да бидат убиени. Тој исто така ги казнувал и сите верници во сите синагоги, присилувајќи ги да богохулат против Исуса Христа таму, прогонувајќи ги Христијаните дури до градовите во туѓина. Тогаш Саул доживеал едно извонредно искуство коешто му го превртело целиот живот наопаку. На патот кон Дамаск, одеднаш бил осветлен со светлина којашто доаѓала од небесата.

„Саул, Саул, зошто Ме прогонуваш?"
„Кој си Ти, Господи?"
„Јас сум Исус, оној кого што го прогонуваш."

Саул станал од земјата, но не можел ништо да види; луѓето го однеле во Дамак. Тој останал таму во текот на три дена, ослепен. Не можелл ниту да јаде, ниту да пие. По овој настан, Господ му се појавил во визија на еден ученик по име Ананија.

*Стани и оди до улицата наречена Права, и прашај во куќата на Јуда за човекот од Тарс по име Саул, кој што се моли и во видение има видено човек по име Ананија, којшто ќе положи рака на него, за да може повторно да прогледа ... Оди, бидејќи тој е Мој избран сад, којшто ќе го носи името Мое пред Незнабошците и кралевите и синовите Израелеви; затоа што Јас ќе му покажам колку многу ќе мора да страда за името Мое* (Дела на Светите апостоли од Светиот апостол Лука 9:11-12,15-16).

Кога Ананија ја ставил неговата рака на него и се помолил за него, Саул веднаш почувствувал како од очите да му отпаѓа некаква лушпа и повторно прогледал. По среќавањето на Господа, Саул ги сватил Неговите знаци и се преименувал себеси во „Павле," што во превод значи „мал човек." Од тој момент па натаму, Павле храбро им го проповедал на Незнабошците името на живиот Бог и евангелието за Исуса Христа.

*Затоа што треба да знаете, браќа, дека евангелието што е проповедано од мене не е според човекот. Бидејќи го немам ниту примено од човек, ниту пак бев поучен за него од човек, туку го имам примено преку откровението дадено од страна на Исуса Христа. Сигурно имате чуено за моето поранешно однесување во животот во Јудаизмот, кога силно ја прогонував црквата на Бога, настојувајќи да ја уништам; и како напредував во Јудаизмот пред многу од моите врсници и сонародници, со многу голема ревност за традицијата на предците. Но кога на Бога, кој што ме одвои од матката на мојата мајка и ме повика преку Неговата благодет, му беше угодно да си го открие Својот Син во мене, така што да можам јас да Го проповедам меѓу Незнабошците, јас не го запрашав веднаш преку телото и крвта, ниту пак отидов во Ерусалим кај оние кои што беа апостоли пред мене; туку отидов до Арабија и повторно се вратив во Дамаск (Галатјаните 1:11-17).*

По среќавањето на Господа Исуса Христа и по проповедањето на Евангелието, Павле претрпел секаков вид на страдања, коишто не би можеле адекватно да се опишат со зборови. Тој многу често се наоѓал себеси како работи тешки работи, како е затворан, тепан многу пати, често и во смртоносни опасности, преживувајќи многу несони ноќи, гладен и жеден, често без храна, изложен на студот (2 Коринтјаните 11:23-27).

Тој тогаш можел многу лесно да си го проживее животот во комфорт, сходно на неговиот статус, авторитет, знаење и мудрост, но тој се откажал од сето тоа, предавајќи сé во рацете на Господа.

*Бидејќи јас сум најмалиот од сите апостоли, недостоен да бидам наречен апостол, поради тоа што ја прогонував црквата Божја. Но по благодетта Божја сум она што сум, и Неговата милост кон мене не се покажа како залудна; заота што работев напорно повеќе од сите нив, но сепак тоа не бев јас, туку тоа беше благодетта Божја преку мене* (1 Коринтјаните 15:9-10).

Павле можел да изнесе една ваква храбра исповест, затоа што имал едно многу живо искуство, среќавајќи се со Исуса Христа. Господ не само што се сретнал со Павла кога тој бил на патот за Дамаск, туку исто така и го потврдил Своето присуство, манифестирајќи ги Своите прекрасни дела преку Павла.

Преку рацете на Павла, Бог изведувал неверојатни чудеса, така што шамивчињата или престилките коишто биле носени од неговото тело, ги оздравувале и исцелувале болните и ги исчистувале обземените од злите духови. Павле исто така го вратил во живот младиот човек по име Евтихус, кога тој паднал од третиот кат и умрел. Воскреснувањето на мртва личност не е можно без помошта од силата Божја.

Во Стариот Завет се споменува дека Пророкот Илија го воскреснал мртвиот син на девицата од Сарепта, а Пророкот Елисеј го оживеал синот на истакнатата жена во Сунам. Како што Псалмистот напишал во Псалм 62:11, *„Откако Бог прозборе; два пати го имам чуено ова: дека таа сила му припаѓа на Бога,"* силата на Бога им се дава на луѓето Божји.

За време на неговите три патувања за вршење на мисијата, Павле ја засновал фондацијата за тоа да Евангелието на Исуса Христа им биде проповедано на сите нации, преку градењето на цркви во многу места во Азија и Европа, вклучувајќи ја тука и Мала Азија и Грција. На тој начин бил отворен патот преку кој ќе биде проповедано Евангелието на Исуса Христа во секое ќоше на земјината топка, а преку кое мноштво на души ќе биде спасено.

## Петар Манифестирал Голема Сила И Спасил Безброј Души

Што би можеле да кажеме за Петра, кој што ги предводеше напорите Евангелието да им се проповеда на Јудејците? Пред да го сретне Исуса, тој бил обичен рибар, но откако бил повикан од страна на Исуса и од прва рака посведочил на прекрасните нешта коишто ги изведувал Исус, тој станал еден од Неговите најдобри ученици.

Кога Петар самиот посведочил на манифестирањето на големината и видот на Исусовата сила, којашто не би можела да биде изведена од ниту еден друг човек, вклучувајќи го тука и прогледувањето на слепите, застанувањето на сакатите, оживувањето на мртвите, изведувањето на добрите дела и сокривањето на недостатоците на луѓето и на нивните злосторства, Петар можел да поверува, „Тој навистина е дојден од Бога." Во Матеј 16 можеме да ја видиме неговата исповед.

Исус ги праша Своите ученици, „*Кој мислите дека сум Јас?*" (с. 15) А Петар одговори, „*Ти си Христос, Синот на живиот Бог*" (с. 16).

Тогаш нешто неверојатно му се случило на Петра, кој што можел да ја каже така храбрата исповед, како онаа искажана погоре во текстот. Петар му се исповедал на Исуса за време на последната вечера, *„Иако другите можеби можат да се одречат од Тебе, јас никогаш нема да го сторам тоа"* (Матеј 26:33). Но ноќта кога бил фатен Исус и кога бил распнат, Петар три пати одрекол дека го познава Исуса, поради тоа што бил исплашен од смртта.

Откако Исус воскреснал и се вознесол на Небесата, Петар го примил Светиот Дух и бил трансформиран на еден чудесен начин. Тој го посветил својот живот само на проповедањето на Евангелието на Исуса Христа, без да почувствува страв од смртта. Еден ден кога тој храбро сведочел за Исуса Христа, се случило да се покајат дури 3000 луѓе и да бидат покрстени. Дури и пред Јудејските водачи, коишто му се заканувале дека ќе му го одземат животот, тој храбро прогласил дека Исус Христос е нашиот Господ и Спасител.

> *Покајте се и секој од вас нека се крсти во името на Исуса Христа, за проштевање на греговите ваши; и ќе примите дар од Светиот Дух. Затоа што ветувањето е за вас и за вашите чеда, и за сите оние кои што се далеку, што Господ, нашиот Бог ќе ги повика кај Себе (Дела 2:38-39).*
>
> *Тој е каменот којшто вие ѕидарите го бевте*

*отфрлиле, а којшто стана главниот камен кај аголот. И нема спасение преку никого друг; зашто ниедно друго име не ни беше дадено од небесата на луѓето, преку кое би можеле да бидеме спасени* (Дела 4:11-12).

Петар ја покажал силата на Бога преку манифестирањето на големиот број на знаци и чудеса. Кога бил во Лида, тој излекувал еден човек којшто осум години бил парализиран, а во близина на Јопа, тој го оживеал Табита кој што паднал болен и умрел. Петар исто така направил сакатите луѓе да стануваат и чекорат, ги лекувал болните од разни болести и истерувал демони.

Божјата сила го придружувала Петра до таа мерка да луѓето дури ги носеле своите болни по улиците, положувајќи ги на креветчиња или палети, надевајќи се дека кога ќе помине Петар, барем дел од сенката негова ќе падне на нив и ќе ги излекува (Дела 5:15).

Дополнително, Бог низ визии му открил на Петра дека Евангелието на спасението ќе им биде донесено и на Незнабошците. Еден ден, кога Петар отишол на врвот од куќата за да се моли, тој почувствувал глад и посакал да јаде нешто. Додека се припремала храната за него, Петар паднал во транс и видел како се отвара небото и еден објект во вид на голем лист или платно, се спуштил долу. Таму имало секакви видови на четвороножни животни и некои кои што ползат по земјата, како и птици коишто летаат во воздухот (Дела 10:9-12). Петар потоа слушнал еден глас.

Гласот дошол до Петра. *„Стани Петре, заколи и јади!"* (с. 13) Но Петар кажал, *„Никако Господи, затоа што никогаш немам изедено ништо што не е свето или е нечисто"* (с. 14). Уште еднаш, по втор пат му се слушна гласот, *„Она што Бог го има исчистено, не се смета веќе за нечисто"* (с. 15).

Ова му се случило три пати, а потоа сето тоа се повлекло назад во небото. Петар не можел да свати зошто Бог му заповедал да јаде нешто што се сметало за „нечисто" според Законот на Мојсеја. Додека Петар бил замислен и размислувал за визијата, Светиот Дух му кажал, *„Ете, те бараат три човека. Стани, оди долу и придружи им се без страв, бидејќи Јас Самиот ги имам испратено"* (Дела 10:19-20). Трите човека дошле во името на Незнабожецот Корнелиус кој што ги испратил да го доведат Петра во неговата куќа.

Преку оваа визија, Бог му открил на Петра дека сака Неговата милост да им биде проповедана дури и на Незнабошците, и побарал од него да им го шири Евангелието на Господа Исуса Христа и нив. Петар бил навистина благодарен за љубовта на Господа, кој што го сакал се до крајот и му доверил една таква света задача, иако тој самиот три пати се имал одречено од Него, за да си го спаси животот. Но тој подоцна ќе поведе безброј души на патот кон спасението и потоа ќе умре со маченичка смрт.

## Апостолот Јован Пророкува За Последните Денови Според Откровението Дадено Од Исуса Христа

Јован претходно бил рибар во Галилеја, но откако бил повикан од страна на Исуса, Јован секогаш чекорел со Него и бил сведок на многу од Неговите знаци и чудеса. Јован видел како Исус ја претвора водата во вино, кога биле на свадбата во Кана, видел како Тој лекува безброј луѓе, вклучувајќи ја тука и личноста којашто веќе била болна триесет и осум години, како истерувал демони од многу кои што биле опседнати со нив и како им ги отвора очите на слепите коишто прогледувале. Јован исто така бил сведок дека Исус чекорел по водата и дека го воскреснал умрениот Лазара, кој што веќе бил четири дена мртов.

Јован го следел Исуса кога Исус се преобразил (Неговото лице сјаело како сонцето, а Неговата облека станала бела како светлината) и зборувал со Мојсеја и со Илија кога бил на врвот од Планината на Преобразението. Дури и кога Исус го испуштил Својот последен здив, Јован го слушнал како им се обраќа на Девицата Марија и на него: *„Жено, ете ти син!"* (Јован 19:26) *„Ете ти мајка!"* (Јован 19:27)

Со овие трети последни зборови коишто Исус ги искажал на крстот, во физички смисол Исус ја тешел Марија, која што го носела и го родила Исуса, но во духовна смисла Тој му објавувал на целото човештво дека сите верници се браќа, сестри и мајки, помеѓу себе.

Исус никогаш не ѝ се има обратено на Марија, како на

Негова „мајка." Бидејќи Исус, Синот Божји. Самиот во суштина е Бог, никој не би можел да го роди Него и затоа Тој не може да има мајка. Причината поради која Исус му кажал на Јована, „Ете ти мајка!" била во тоа што тој требало да и служи како на својата сопствена мајка. Од тој час Јован ја земал Марија во неговиот дом и ѝ служел како на сопствената мајка.

По Христовото воскресение и вознесение, тој вредно го проповедал Евангелието на Исуса Христа, заедно со другите апостоли, без оглед на тоа што постојано имал закани од страна на Јудејците. Низ ваквото нивно ревносно проповедање на Евангелието, Раната Црква искусила спектакуларно оживување, но во исто време апостолите биле константно субјект на прогони.

Апостолот Јован бил испрашуван кога бил во Советот на Јудејците, а подоцна бил нурнат во зовриено масло од страна на Римскиот император Домицијан. Но Јован не бил повреден од тоа, бидејќи такво било Божјото провидение и сила, па императорот го изгонил на грчкиот остров Патмос, којшто се наоѓа во водите на Медитеранот. Таму Јован комуницирал со Бога во молитвите и ја добил инспирацијата од страна на Светиот Дух, како и водството од страна на ангелите, гледајќи ги многуте длабоки визии, да го запише откровението на Исуса Христа.

*Откровението на Исуса Христа, коешто Бог Му го даде да им го покаже на Своите слуги, за нештата коишто наскоро мораат да се случат; и го испрати и комуницираше преку Неговиот ангел со Неговиот слуга Јована* (Откровение 1:1).

По инспирацијата од страна на Светиот Дух, Апостолот Јован напишал во детали сè за нештата коишто ќе се случат во последните денови, така што сите луѓе да го прифатат Исуса како свој Спасител и да се припремат себеси да го примат Него како Кралот над кралевите и како Господарот над господарите, кога ќе биде Неговото Второ Доаѓање.

### Членовите На Раната Црква Цврсто Ја Држат Својата Вера

Кога воскреснатиот Исус се вознесол на Небесата, Тој им ветил на Своите ученици дека ќе се врати на истиот начин, на којшто го виделе како се вознесува на Небесата.

Безбројните сведоци на Исусовото воскресение и вознесение сватиле дека и тие исто така ќе можат да воскреснат и да се вознесат, па затоа веќе не се плашеле од смртта. Затоа тие можеле да ги живеат своите животи на земјата како Негови сведоци, соочувајќи се со многу закани и репресии од страна на владетелите во светот, како и со прогонства коишто често доведувале и до губење на нивните животи. Не само дека Исусовите ученици, коишто Му служеле за време на Неговото јавно свештенствување, туку и безброј други станале жртви на лавовите, во претставите во Колосеумот во Рим, биле обезглавувани, распнувани и пеплосувани. Но сепак сите тие останале непоколебливи и цврсто се држеле до верата во Исуса Христа.

Како што се зголемувале прогонствата против Христијаните, така членовите на Раната Црква почнале да се кријат во Римските катакомби, познати како „подземните погребни места." Нивните животи биле навистина мизерни; така што изгледале како воопшто и да не живеат. Но бидејќи во себе ја имале страсната и искрена љубов за Господа, тие сепак не се плашеле од било какви испитувања и страдања.

Пред Христијанството да биде официјално признаено во Рим, репресијата врз Христијаните била навистина толку остра и сурова, што не може дури ниту да се опише. Христијаните го губеле правото на граѓанство, Библијата и црквите биле палени, а црковните водачи и работници биле апсени, брутално измачувани и егзекутирани.

Поликарп во црквата во Смирна, во Мала Азија, лично другарувал со Апостолот Јован. Поликарп бил посветен епископ. Кога Поликарп бил уапсен од страна на Римските власти и кога застанал пред Гувернерот, тој не ја заборавил својата вера.

„Не сакам да те посрамотам. Нареди тие Христијани да бидат убиени и ќе те пуштам. Проколни го Христа!"

„Веќе осумдесет и шест години бев Негов слуга, и Тој никогаш не ми нанесе зло. Како тогаш можам јас да богохулам против мојот Крал, којшто ме има спасено?"

Тие се обиделе да го изгорат, но бидејќи не успеале во тоа, Поликарп, епископот од Смирна, умрел маченички по прободувањето до смрт. Кога голем број од другите Христијани биле сведоци и го чуле Поликраповиот марш на верата и неговото маченииство, тие тогаш можеле и самите да ја сватат Страста на Исуса Христа и да го исполнат патот на маченииството.

*Луѓе Израелски, помислете си добро што ви е намерата да правите со овие луѓе. Затоа што пред извесно време стана Тевда, кој што зборуваше за себеси дека е некој, па група од четиристотини луѓе се здружи со него. Но кога тој беше убиен, сите тие се растурија и исчезнаа. По него, во времето на пребројувањето Јуда Галилејски се подигна, повлекувајќи со себе мноштво народ; но и тој загина и сите што го следеа се разбегаа. Па така во случајов ви велам, оставете ги овие луѓе и не гибајте ги, затоа што ако овој план е дело на луѓето, ќе биде отфрлен; но ако е од Бога, нема да можете да го отфрлите; дури и можете да станете борци против Бога* (Дела 5:35-39).

Како што реномираниот Гамалиел ги опоменуваше и потсетуваше луѓето Изрелеви во горе наведеното, така Евангелието на Исуса Христа кое што дошло од Самиот Бог, не можело да биде соборено. Конечно во 313 Н.Е., императорот Константин го признал Христијанството како официјална религија во неговото царство, а Евангелието на Исуса Христа почнало да се проповеда во целиот свет.

### Сведоштвото За Исуса Запишано Во Пилатовиот Извештај

Помеѓу историските документи од времето на Римското Царство, постои и еден ракопис којшто се однесува на Исусовото распетие, којшто го напишал Понтије Пилат, Гувернерот на Римската Провинција Јудеја, во времето на Исуса и го испратил до Царот.

Следнот текст е извадок од тој ракопис во којшто се опишува настанот на Исусовото распетие испратено до Цезарот, од Неговото Апсење, Судење и Распнување на крстот," а во моментов се чува во Аја Софија во Истанбул, Турција:

**Неколку денови откако гробот беше најден празен, неговите ученици прогласија низ земјата дека Исус воскреснал од мртвите, како и што прорекол. Ова предизвика уште поголема возбуденост од самото распетие. Што се однесува до вистината за овој**

случај, не можам со сигурност да тврдам, но извршив некои истражувања во врска со ова; така што ќе можете самите да разгледате и да видите дали во себе имам некаква вина, како што Ирод сака тоа да го претстави.

Јосиф го погреба Исуса во свој сопствен гроб. Дали го предвидел Неговото распетие или планирал да му ископа друг, не можам да кажам. Еден ден по неговиот погреб, во преторијумот дојде еден од свештениците и ми кажа дека стравуваат оти неговите ученици имаат намера да го украдат Исусовото тело и да го скријат, па да направат да изгледа како да воскреснал од мртвите, како што и предвидел, а во што тие биле совршено убедени.

Јас го испратив до капетанот на кралската гарда (Малкус) за да му каже да земе со себе Јудејски војници, и да постави колку што е потребно околу гробницата, па ако нешто и се случи, тогаш вината да падне врз нив самите наместо на Римјаните.

Кога се дигна голема возбуденост поради наоѓањето на празната гробница, јас почувствував уште подлабока загриженост од било кога. Тогаш испратив по човекот по име Ислам, кој што ми помогна колку што е можно повеќе да се запознаам со деталите од ситуацијата. Тие виделе мека и убава светлина која што се појавила над гробницата. Одпрво тој помислил дека жените дошле да му го измачкаат телото на Исуса со миро, како што е нивниот обичај, но не можел да види како помнале преку линијата на стражата. Додека овие мисли му поминувале низ умот, ете целото место било осветлено и се чинело дека таму стои цела толпа на мртви луѓе, во нивните покрови.

Изгледало дека сите тие извикуваат нешто и дека биле исполнети со восхит, додека околу и одозгора слушал најубава музика којашто ја имал чуено до тогаш, а целиот воздух изгледал како да е исполнет со гласови коишто го славеле Бога. За цело тоа време чувствувал како да земјата се врти и плива, така што почувствувал мачнина и слабост, па не можел ниту да стои на нозете. Тој ми кажа дека му изгледало дека земјата плива под него и дека чувствата му отапеле, така што не знаел што точно се има случено.

Како што можеме да прочитаме во Матеј 27:51-53, *„Земјата се затресе и карпите се расцепија. Гробовите се отворија и се подигнаа многу тела на светците коишто беа заспани; па излегувајќи од нивните гробови по Неговото воскресение, тие влегоа во светиот град и им се јавија на многумина,"* Римската стража дала исто такво сведоштво.

По запишувањето на сведоштвата земени од војниците од Римската стража, кои што го посведочиле овој духовен феномен, Пилат забележал некаде на крајот од неговата изјава, „Скоро да сум спремен да кажам: 'Навистина овој беше Синот Божји.'"

### Безброј Сведоци На Господа Исуса Христа

Не биле само Исусовите ученици коишто му служеле за време на Неговото јавно свештенствување, сведоци на Евангелието на Исуса Христа. Исто како што Исус има кажано во Јована 14:13, *„Што й да побарате во Мое име, ќе ви го дадам, така да Отецот може да биде прославуван во Синот,"* безброј сведоци ги имаат примено Божјите одговори на своите молитви и посведочиле за живиот Бог и за Господа Исуса Христа, од времето на Неговото воскресение и вознесение на Небесата.

> *Но ќе примите сила кога врз вас ќе слезе Светиот Дух; и ќе бидете Мои сведоци, како во Ерусалим и Јудеа и Самарија, така и во најодалечените места на земјата* (Дела 1:8).

Јас го прифатив Господа откако ми беа излекувани сите болести преку Божјата сила, спротивно на сета медицинска наука, којашто во мојот случај беше крајно беспомошна. Подоцна јас бев помазан да бидам слуга на Господа Исуса

Христа и да им го проповедам Евангелието на сите луѓе, манифестирајќи знаци и чудеса.

Како што е ветено во горенаведениот стих, голем број на луѓе станале Божји чеда преку тоа што го примиле Светиот Дух и си ги посветиле своите животи на проповедањето на Евангелието на Исуса Христа, преку силата на Светиот Дух. На тој начин Евангелието се има раширено по целиот свет и безброј луѓе денеска се среќаваат со живиот Бог и го прифаќаат Исуса Христа.

*Одете по сиот свет и проповедајте го Евангелието на секое создание. Кој ќе поверува и ќе се покрсти, ќе биде спасен; но оној кој што нема да поверува, ќе биде осуден. Овие знаци ќе ги придружуваат оние кои што поверувале: во Моето име ќе изгонуваат демони, ќе говорат нови јазици; ќе фаќаат змии, и ако нешто смртоносно отровно испијат, нема да им наштети; на болни ќе полагаат раце и тие ќе оздравуваат* (Марко 16:15-18).

Црквата На Светиот Гроб Кај Голгота, На Ридот Калварија во Ерусалим

# Глава 2
# Месијата Испратен Од Бога

# Бог Го Ветува Месијата

Израел многу често ја имал губено сувереноста и морал да страда од инвазиите и владеењето на државите како што била Персија и Рим. Преку Неговите пророци, Бог им давал голем дел на ветувања во врска со Месијата којшто требало да дојде како Кралот на Израелот. Не можело да има поголем извор на надеж за покорените Израелци, од Божјото ветување за Месијата.

*Зошто дете ќе ни се роди, син ќе ни биде даден; и власта ќе почива на Неговите рамења; и името Негово ќе биде наречено Чудесен Советник, Моќен Бог, Вечен Отец, Принцот на Мирот. Нема да има крај на растот на Неговото владеење на мирот, врз престолот на Давида и во кралството негово, за да го воспостави и зацврсти преку правдата од сега па довека, а ревноста на ГОСПОДА Саваота ќе ќе го направи тоа (Исаија 9:6-7).*

*„Еве настапуваат дни," изјавува ГОСПОД, „Кога за Давида ќе издигнам праведна Фиданка; и*

*ќе владее Тој како крал и ќе постапува мудро и ќе суди праведно во земјата. Во Неговите дни Јуда ќе се спаси, а Израелот ќе живее без опасност; и ова е името Негово според кое што Тој ќе биде нарекуван, 'ГОСПОД нашата праведност'"* (Јеремија 23:5-6).

*Ликувај од радост, О ќерко Сионова! Извикувај во триумф, О ќерко Ерусалимска! Ете, кралот твој доаѓа кај тебе; Тој е праведен и обдарен со спасение, скромен и седнат на осле, рожба на ослицата. Ќе ги пресечам кочиите од Ефрем и коњите од Ерусалим; и лакот воинствен ќе биде пресечен и Тој ќе зборува мир за сите народи; а доминацијата Негова ќе биде од морето до морето, и од Реката до краевите на земјата* (Захарија 9:9-10).

Израел непрестано го очекува Месијата сѐ до денешен ден. Што е тоа што го забавува доаѓањето на Месијата кого што Израелот со нетрпение го очекува и предвидува? Мноштво од Евреите сакаат да добијат одговор на ова прашање, но одговорот се наоѓа во фактот што тие не знаат дека Месијата веќе има дојдено.

## Исус Месијата Страдал Токму Онака Како Што Било Проречено Од Страна На Исаија

Месијата кого што Бог му го ветил на Израелот и навистина го пратил бил Исус. Исус бил роден во Витлеем во Јудеја, пред околу две илјади години и кога дошол часот за тоа, Исус умрел на крстот, потоа воскреснал и со тоа го отворил патот за спасението на човештвото. Евреите од Неговото време, сепак, не успеале да го препознаат Исуса како Месијата, кого што тие толку желно го исчекувале. Тоа се должело на фактот што Исус изгледал тотално различно од сликата за Месијата којашто тие си ја имале предвидено.

Јудејците станале уморни од продолжениот период на колонијално владеење и очекувале појава на еден исправен Месија којшто ќе ги спаси од политичката борба. Тие си мислеле дека Месијата ќе пристигне како Крал на Израелот, ќе им стави крај на сите војни, ќе ги спаси од прогонствата и репресиите, ќе им даде вистински мир и ќе ги возвеличи над сите други народи.

Сепак Исус не пристигнал на овој свет во сјај и величественост, онака како што би доликувало на еден член на кралското семејство, туку бил роден како син на еден сиромашен столар. Тој дури и не бил дојден за да го ослободи Израел од Римската репресија или повторно да ја воспостави неговата поранешна слава. Тој дошол на овој свет за повторно да го постави човештвото на прав пат, коешто било осудено на пропаст и уништување по Адамовиот грев и луѓето да ги направи чеда Божји.

Поради оваа причина, Јудејците не го препознале Исуса како Месијата и наместо тоа дури и го распнале. Ако го простудираме ликот на Месијата онака како што бил запишан во Библијата, тогаш ние само би можеле да го потврдиме фактот дека Исус навистина бил Месијата..

> *Зошто изникна Тој пред Него како младо дрвце, како стебленце од сува земја; нема во Него ниту изглед ниту величие, бидејќи ние го видовме и во Него немаше изглед што би не привлекол кон Него. Тој беше презрен и отфрлен од луѓето, човек на болката и свикнат на страдањата; и како оној од кого што луѓето го одвраќаат лицето свое Тој беше презрен и ние не го уваживме* (Исаија 53:2-3).

Бог им кажал на Израелците дека Месијата, Кралот на Израелот, нема да го има достоинствениот или величествениот изглед којшто би не привлекол, туку напротив Тој ќе биде презрен и отфрлен од страна на луѓето. Но сепак Израелците не успеале да го препознаат Исуса како Месијата, кој што им бил ветен од страна на Бога.

Тој бил презрен и отфрлен од страна на, од Бога избраните Израелци, но сè до денешен ден Бог го поставил Исуса Христа над сите народи и над безброј луѓе, кои што го прифатиле Него како својот Спасител.

Како што е запишано во Псалм 118:22-23, *„Каменот којшто ѕидарите го отфрлија Стана главен камен кај аголот. Ова е ГОСПОДОВО дело; Тоа е величествено во нашите очи,"* провидението за спасението на човештвото било постигнато преку Исуса, кој што бил отфрлен од страна на Израелот.

Исус ја немал појавата на Месијата кого што луѓето на Израелот очекувале да ја видат, но ние можеме да сватиме дека Исус е Месијата, за кого што Бог прорекувал преку Неговите пророци.

Сето она што Бог ни го ветил дека ќе се случи преку Месијата, вклучувајќи ја тука славата, мирот и обновата, се однесува на духовниот свет, и Исус кој што дошол на овој свет да ја исполни оваа задача на Месијата кажал, *„Моето кралство не е од овој свет"* (Јован 18:36).

Месијата за кого што прорекувал Бог не бил крал со земни авторитети и слава. Месијата не требало да дојде на овој свет за Божјите чеда да можат да уживаат во богатството, угледот и почеста за време на овој привремен живот на овој свет. Тој требало да дојде за да ги спаси Неговите луѓе од нивните гревови и да ги поведе кон Небесата, каде што ќе ја уживаат вечната радост и слава засекогаш.

*Тогаш на тој ден кога народите ќе побараат прибежиште кон Јесеевиот корен, којшто ќе стои како сигнал за народите; и Неговото почивалиште ќе стане славно* (Исаија 11:10).

Ветениот Месија не требало да дојде само за Божјиот избран народ Израелците, туку исто така и за да го исполни и ветувањето за спасението за сите кои што го прифатиле Божјото ветување за Месијата со вера, следејќи ги чекорите на Авраамовата вера. Накратко, Месијата требало да дојде за да го исполни Божјото ветување за спасението, како Спасител на сите народи кои што се на земјата.

### Потребата За Спасителот На Целото Човештво

Зошто требало Месијата да дојде на овој свет не само за спасението на луѓето од Израелот, туку исто така и за целото човештво?

Во Битие 1:28, Бог ги благословил Адама и Ева и им рекол, *„Бидете плодни и множете се, и наполнете ја земјата, и завладејте ја; и владејте над рибите од морето и над птиците на небото и над секое живо суштество коешто се движи на земјата."*

По создавањето на првиот човек Адам и неговото воспоставување за господарот над сите суштества, Бог му го дал на човекот авторитетот да ја „потчини" и да „владее над" земјата. Но кога Адам изел од плодот на дрвото за познавањето на доброто и на злото, нешто што му било специфично забрането од страна на Бога, и го извршил гревот на непокорувањето, паѓајќи под искушението на од Сатаната-поттикнатата змија, Адам веќе не можел да го ужива тој авторитет.

Кога го почитувале и му се покорувале на словото на праведноста на Бога, Адам и Ева биле робови на праведноста и го уживале авторитетот којшто им бил даден од страна на Бога, но откако згрешиле, тие станале робови на гревот и на ѓаволот, и биле натерани да се откажат од тие авторитети (Римјани 6:16). Затоа, сите авторитети коишто Адам ги имал примено од страна на Бога, биле предадени во рацете на ѓаволот.

Во Лука 4, непријателот ѓаволот три пати го искушувал Исуса, кој што само што го завршил постот којшто го држел во текот на четириесет дни. Ѓаволот му ги покажал на Исуса сите кралства на овој свет и му кажал, *„Ќе ти ја дадам Тебе сета оваа власт и слава; затоа што мене ми беше предадена и можам да му ја дадам на кого што сакам. Затоа ако ми се поклониш, сето тоа ќе биде Твое"* (Лука 4:6-7). Ѓаволот укажува дека сета таа „власт и слава" му била „предадена на него" од Адама и дека тој исто така можел да му ја даде на кого што сака.

Да, Адам го изгубил целиот свој авторитет и му го предал на ѓаволот, па како резултат на тоа, тој му станал роб на ѓаволот. Оттогаш па натаму, Адам само надодавал грев врз грев, бидејќи бил под контролата на ѓаволот, и бил поставен на патот на смртта, која што е платата за гревот. Ова не запрело со Адама, туку влијаело и на сите негови потомци, кои што го наследиле неговиот изворен грев низ наследните влијанија. Тие исто така паднале под власта на гревот, управуван од страна на ѓаволот и Сатаната, и биле предодредени да одат кон смртта.

Ова ја објаснува неопходноста за доаѓањето на Месијата. Месијата им бил потребен не само на од Бога избраните Израелци, туку и на сите други луѓе на светот, бидејќи само Тој ќе можел да ги ослободи од авторитетот на ѓаволот и Сатаната..

# Квалификациите На Месијата

Исто како што постојат закони на овој свет, исто така постојат и закони и одредби и во духовниот свет. Дали една личност ќе падне во смртта или пак ќе го прими проштевањето за своите гревови и ќе го достигне спасението, зависи од законите на духовниот свет.

Кои биле квалификациите што една личност морала да ги задоволува за да стане Месија и да го спаси целото човештво од проклетството на Законот?

Одредбата којашто се однесува на квалификациите на Месијата може да се најде во законот на Бога, којшто им го дал на Своите избрани луѓе. Законот се однеува на откупувањето на земјиштето.

> *Земјата не смее да се продава засекогаш, зашто таа е Моја; а вие сте при Мене странци и дојденци. Затоа за секој дел од вашата земја во вашите имоти, дозволувајте да може да се прави откупување на земјиштето. Ако некој ваш земјак осиромаши толку многу да мора да си го продаде својот дел од имотот негов, тогаш нека дојде некој негов најблизок роднина и нека го откупи*

*она што неговиот роднина го има продадено* (Левит 25:23-25).

## Законот За Откуп На Земјиштето Во Себе Содржи Тајни За Квалификациите На Месијата

Божјите избраници Израелците се придржуваат до законот. Затоа, за време на некои трансакции кога се купува или продава земјиште, тие стриктно се придржуваат до законот за откуп на земјиштето, којшто е запишан во Библијата. За разлика од законите за земјиштето коишто се применуваат во другите земји, Израеловиот закон јасно става до знаење во самиот договор, дека земјата не може да се продаде засекогаш, туку дека може да биде откупена повторно од продавачот, по некое време. Го обезбедува и правото да некој богат роднина, може да го откупи земјиштето за некој член од неговото семејство, кој што го има продадено својот имот. Ако продавачот нема некој роднина кој што е доволно богат за да му го откупи земјиштето, туку самиот некако успеал да собере средства за да си го откупи назад своето земјиште, тогаш законот дозволува оригиналниот сопственик на земјиштето да може самиот да си го откупи назад.

Како тогаш, овој закон за откуп на земјиштето, којшто е споменат во Левит, се однесува на квалификациите на Месијата?

За да можеме подобро да го сватиме сето ова, мораме да го имаме на ум фактот дека човекот бил направен од земната прашина. Во Битие 3:19, Бог му кажал на Адама, *„Со пот од лицето свое ќе јадеш леб, сé додека не се вратиш во земјата, од која си земен; зашто си прашина и во прашина ќе се вратиш."* И во Битие 3:23 е кажано, *„Затоа ГОСПОД Бог го изгони од градината Едемска, да ја култивира земјата од којашто и беше земен."*

Бог му кажал на Адама, „Зашто си прашина," и „земја" а тоа духовно означува дека човекот бил формиран од земната прашина. Така што, законот за откуп на земјиштето којшто се однесува на купувањето и продажбата на земјиштето е во директна врска со законот на духовниот свет, којшто се однесува на спасението на човештвото.

Согласно со законот за откуп на земјиштето, Бог ја поседува целата земја и затоа ниеден човек не може да ја продаде засекогаш. Со истото значење, целиот авторитет којшто Адам го имал примено од страна на Бога, изворно му припаѓал на Бога и затоа никој не можел да го продаде засекогаш. Ако некој осиромашел и морал да си ја продаде земјата, тогаш таа земја можела да биде откупена кога некоја соодветна личност ќе се јавела за тоа. Слично на ова ѓаволот мора да го врати авторитетот којшто му бил предаден од страна на Адама, кога ќе се појави некоја личност која што ќе може да го поврати тој авторитет.

Базирано на овој закон за откуп на земјиштето, Богот на љубовта и правдата припремил една личност која што ќе може да го откупи целиот авторитет што Адам му го имал предадено на ѓаволот. Таа личност била Месијата, а тој Месија бил Исус Христос, кој што бил припремен уште од вечноста и бил испратен од Самиот Бог.

## Квалификациите На Спасителот И Нивното Исполнување Од Страна На Исуса Христа

Ајде да разгледаме зошто Исус е Месијата и Спасителот на целото човештво, базирано на законот за откуп на земјиштето.

Како прво, исто како што откупителот на земјиштето мора да биде некој роднина, Спасителот исто така мора да биде некој човек, за да може да ги откупи греговите на човештвото, бидејќи сите луѓе станале грешници преку гревот на првиот човек Адам. Левит 25:25 ни кажува, *„Ако некој ваш земјак толку многу осиромаши да мора да си го продаде имотот, тогаш некој негов најблизок роднина треба да дојде и да го откупи она што неговиот роднина го има продадено."* Ако една личност веќе не може да издржи да го одржува својот имот и го продаде своето земјиште, тогаш некој најблизок роднина може да му го откупи неговото земјиште. Со истото значење, бидејќи првиот човек Адам згрешил и морал да му го предаде авторитетот којшто му бил даден од страна на Бога на ѓаволот, тогаш откупот на авторитетот којшто му бил предаден на ѓаволот морало да биде остварен од страна на човек, некој Адамов „најблизок роднина."

Како што можеме да најдеме во 1 Коринтјаните 15:21, *„Бидејќи смртта дојде преку човек, преку човек исто така дојде и воскресението на мртвите,"* Библијата уште еднаш ни потврдува дека откупот на гревовите за грешниците може да се оствари не преку ангелите или ѕверовите, туку само преку човек. Човештвото било ставено на патеката кон смртта поради гревот на Адама, првиот човек, па така требало некој друг да ги откупи гревовите на човештвото, и само човек, Адамовиот „најблизок роднина" би можел да го стори тоа.

Иако Исус ја поседувал и човечката природа, исто како што ја поседувал и божјата природа бидејќи бил Син Божји, Тој бил роден како човечко суштество за да може да ги откупи гревовите на човештвото (Јован 1:14) и да може да доживее раст. Како човечко суштество, Исус спиел, чувствувал глад, радост и тага, исто како и другите луѓе. Кога бил обесен на крстот, Исус крварел и ја чувствувал болката која што доаѓала од тоа.

Има некои непобитни докази кои одат во прилог на фактот дека Исус дошол на овој свет како човечко суштество, дури и во историски контекст. Со раѓањето на Исуса, историјата на светот е поделена на два дела: „П.Х. (B.C.)" и

„Г.Х. (A.D.)" „П.Х." или „Пред Христа" се одесува на ерата која што била пред раѓањето на Исуса, а „A.D." или „Anno Domini"-на латински, („Во годините на Нашиот Господ") се однесува на времето по раѓањето на Исуса. Овој факт исто така потврдува дека Исус дошол на овој свет како човек. Затоа Исус ја задоволува првата квалификација на Спасителот, бидејќи Тој дошол на овој свет како човек.

Како второ, исто како што откупувачот на земјиштето не би можел да го откупи земјиштето ако бил сиромашен, потомците на Адама не можеле да ги откупат гревовите на човештвото бидејќи Адам згрешил и сите негови потомци се раѓале со тој изворен грев во себе. Значи дека личноста која што ќе биде Спасителот на целото човештво, не може да биде наследник на Адама.

Ако некој брат сака да го откупи долгот на својата сестра, тогаш тој самиот мора да биде без никаков долг. На истиот начин, личноста која што ќе ги откупи гревовите на другите, мора да биде самата без грев. Ако откупувачот е грешен, тогаш тој исто така се наоѓа себеси како роб на гревот. Тогаш како можел тој да ги откупи гревовите на другите луѓе?

Откако Адам го извршил гревот на непокорот, сите негови потомци потоа се раѓале со тој изворен грев. Значи дека ниту еден од Адамовите наследници не можел да биде Спасителот.

Телесно кажано, Исус е потомок на Давида и Неговите родители се Јосиф и Марија. Матеј 1:20, сепак ни кажува,

„Детето кое што беше зачнато во неа е од Светиот Дух."

Причината поради која секоја личност се раѓа со изворниот грев е во тоа што таа ги наследува грешните атрибути од своите родители, преку сперматозоидите на својот татко и јајце клетката на својата мајка. Но Исус не бил зачнат преку Јосифовите сперматозоиди и Мариината јајце клетка, туку преку силата на Светиот Дух. Сето тоа се случило уште пред тие да легнат заедно, а таа забременила. Семоќниот Бог може да направи едно дете да се зачне со силата на Светиот Дух, без да има соединување на сперматозоидот со јајце клетката.

Исус единствено само го „позајмил" телото на девицата Марија. Бидејќи бил зачнат од страна на силата на Светиот Дух, Исус ги немал наследено атрибутите на грешниците. Бидејќи Исус не бил потомок на Адама и бил без изворниот грев во Себе, Тој исто така ја задоволувал и втората квалификација којашто била потребна за да биде Спасителот.

Како трето, исто како што откупувачот на земјиштето мора да биде доволно богат за да може да го откупи земјиштето, исто така и Спасителот на целото човештво мора да ја поседува силата да го победи ѓаволот и да го спаси човештвото од него.

Левит 25:26-27 ни кажува, *„Или во случај да човекот нема близок роднина, туку самиот си ги врати средствата доволни за негов откуп, тогаш тој ќе ги* *пресмета годините од продажбата и ќе му го отплати другото на човекот на кого што му го има продадено, па ќе си го врати земјиштето во свое владение."* Со други зборови, за една личност да може да си го откупи земјиштето мора да ги поседува „средствата" за да го направи тоа.

Спасувањето на воените затвореници бара да едната страна да ја има силата да го победи непријателот, па така и плаќањето на долговите на другите бара да личноста која го прави тоа поседува доволно финансиски средства за тоа. Со истото значење, спасувањето на целото човештво од авторитетот на ѓаволот бара да Спасителот ја поседува силата да може да го победи ѓаволот, за да може да ги спаси луѓето од него.

Пред неговото згрешување, Адам ја поседувал силата да владее над сите сутшества, но по чинот на неговото згрешување Адам станал субјект на авторитетот на ѓаволот. Она што можеме да го заклучиме од сето ова е дека силата да се победи ѓаволот доаѓа од безгрешноста.

Исус, Синот Божји, бил целосно безгрешен. Бидејќи бил зачнат од страна на Светиот Дух и не бил потомок на Адама, Тој во себе го немал изворниот грев. Понатаму бидејќи Тој се придржувал до Законот на Бога во текот на целиот Негов живот, Исус бил без никаков извршен грев. Поради оваа причина Апостолот Петар кажал дека Исус *„немал извршено грев, ниту пак во Неговата уста можела да се најде некоја измама; и кога бил навредуван, Тој не навредувал за возврат; кога страдал, Тој не кажувал* закани, туку се предал Себеси на Него, кој што праведно суди" (1 Петар 2:22-23).

Бидејќи Тој бил без грев, Исус ја имал силата и авторитетот да го победи ѓаволот и ја поседувал силата да го спаси човештвото од него. За ова посведочуваат безбројните манифестации на чудесните знаци и чудеса. Исус лекувал болни луѓе, истерувал демони, правел да прогледаат слепите, да прослушаат глувите и да проодат сакатите. Тој дури и го смирил разбрануваното море и оживувал мртви луѓе.

Фактот дека Исус бил без никаков грев бил потврден без ников сомнеж во тоа, со Неговото воскресение. Согласно со законот на духовниот свет, грешниците мораат да се соочат со смртта (Римјаните 6:23). Бидејќи бил без никаков грев во Себе, Исус не бил ставен под силата на смртта. Тој го издивнал Својот последен здив на крстот, а Неговото тело било закопано во гробница, но на третиот ден Тој воскреснал.

Имајте на ум дека големите татковци на верата, како што биле Енох и Илија, биле живи воздигнати кон Небесата, без да се соочат со смртта бидејќи биле безгрешни и постанале целосно осветени. Значи дека на третиот ден по Неговиот погреб, Исус го скршил авторитетот на ѓаволот и Сатаната преку Неговото воскресение и станал Спасителот на целото човештво.

Како четврто, исто како што откупувачот на земјиштето морал да ја има во себе љубовта за да ја откупи земјата на својот роднина, исто така и Спасителот на човештвото морал да ја поседува љубовта со којашто би можел да го положи Својот живот за другите луѓе.

Дури и Спасителот да ги задоволува првите три квалификации коишто беа претходно споменати, ако во себе ја немал љубовта, тогаш не би можел да стане Спасител на човештвото. Да претпоставиме дека еден брат има долг од $100,000 а неговата сестра е мултимилионер. Ако ве себе ја нема љубовта, тогаш сестрата не би го исплатила долгот на својот брат, па нејзиното огромно богатство не би му значело ништо на нејзиниот брат.

Исус дошол на овој свет како човечко суштество, не бил наследник на Адама и ја имал силата да го победи ѓаволот и да го спаси човештвото од него, бидејќи во Себе немал никаков грев. Сепак ако во Себе немал доволно љубов, Исус не би можел да ги откупи гревовите на човештвото. „Исусовото откупување на гревовите на човештвото" значело дека Тој требало да ја прими врз себе казната на смртта, во нивно име. За да може Исус да ги искупи гревовите на човештвото, Тој морал да биде распнат како да е еден од најужасните грешници на светот, да страда најразлични видови на презир и омаловажување, како и да ја пролее целата Своја вода и крв, сѐ до смртта. Бидејќи Исусовата љубов за човештвото била толку ревносна и Тој навистина бил спремен да ги искупи гревовите на човештвото, затоа и не бил загрижен кога знаел дека мора да помине низ казната на распнувањето.

Зошто тогаш Исус морал да биде обесен на дрвен крст и да ја пролее Својата крв сè до смртта? Како што е кажано во Повторените Закони 21:23, *„Оној кој што е обесен [на дрво] е проколнат од Бога,"* и во согласност со законот на духовниот свет кој што кажува дека „Платата за гревот е смртта," Исус бил обесен на дрво за да ги откупи гревовите на човештвото од проклетството на гревот, со којшто биле врзани.

Понатаму како што Левит 17:11 цитира, *„Зошто животот на телото е во крвта, и ви ја дадов вам на жртвеникот да правите покајание за вашите души; бидејќи крвта е таа што поради животот прави покајание,"* значи дека нема проштевање на гревовите без пролевањето на крвта.

Се разбира, Левит ни кажува наместо крвта на животните, на Бога би можело да му се принесе најубавото брашно. Оваа мерка сепак, се однесувала на оние кои што не можеле да си дозволат да принесат животни на олтарот. Тоа не била понуда онаква каква што е понудата на крвта, која што му угодувала на Бога. Значи дека Исус ни ги откупил гревовите на тој начин што бил обесен на крстот и крварел до смртта.

Колку ли е чудесна и величествена љубовта на Исуса, штом Тој бил спремен да ја пролее Својата крв на крстот и со тоа да го отвори патот на спасението за оние кои што го навредувале и го распнале, иако Тој само лекувал луѓе од разни заболувања, ги ослабнал оковите на грешноста и правел само добри дела?

Базирано на законот за откуп на земјиштето, можеме да заклучиме дека само Исус ги задоволувал квалификациите коишто биле неопходни за да стане Спасителот, кој што ќе ги откупи греовите на човештвото.

## Патот За Спасението На Човештвото Бил Припремен Уште Пред Вечноста

Патот за спасението на човештвото се отворил кога Исус умрел на крстот и на третиот ден воскреснал, кршејќи го авторитетот на смртта. Исусовото доаѓање на овој свет за да го исполни провидението за спасението на човештвото и да стане Месијата за човештвото, било предвидено во истиот момент кога Адам го извршил гревот.

Во Битие 3:15, Бог и кажал на змијата која што ја довела во искушение жената, *„Ќе ставам непријателство помеѓу тебе и жената, и помеѓу родот твој и породот нејзин; Тој ќе те удира по главата, а ти ќе го каснуваш по петата."* На ова место, „жената" духовно го симболизира од Бога избраниот Израел, а „змијата" го симболизира непријателот ѓаволот и Сатаната, кои што му се спротиставуваат на Бога. Кога породот на „жената" ќе ја „удира [змијата] по главата," тоа значи дека Спасителот на човештвото ќе дојде меѓу Израелците и ќе ја победи силата на смртта, од непријателот ѓаволот.

Змијата станува беспомошна кога ќе й се повреди главата. На истиот начин, кога Бог й кажал на змијата дека породот на жената ќе й ја удира главата, Тој пророкувал дека од Израелот ќе биде роден Христос за човештвото и дека ќе го уништи авторитетот на ѓаволот и Сатаната и ќе ги спаси грешниците кои што се оковани со тој авторитет.

Бидејќи станал свесен за овој факт, ѓаволот се трудел да го убие породот на жената, пред да може да и нанесе повреда на неговата глава. Затоа ѓаволот и си помислил дека ќе може вечно да ужива во авторитетот којшто му бил предаден од страна на непокорниот Адам, ако само успее да го убие породот на жената. Непријателот ѓаволот сепак, не знаел кој ќе биде породот на жената па затоа почнал да кова завери да ги убие сите пророци кои што му биле верни на Бога, уште од времето на Стариот Завет.

Кога бил роден Мојсеј, непријателот ѓаволот го поттикнал Фараонот на Египет да ги убие сите машки деца кои што биле родени од Израелските жени (Исход 1:15-22), и кога Исус дошол на овој свет во тело, тој го придвижил срцето на Кралот Ирод терајќи го да ги убие сите машки деца кои што биле родени во Витлеем и неговота околина, а кои што биле на возраст од две години и помлади. Поради таа причина, Бог делувал во интерес на Исусовата фамилија и ги повел кон бегање од Египет.

Потоа Исус израснал под заштитата на Самиот Бог и го

започнал Своето свештенствување на 30-годишна возраст. Согласно со Божјата волја, Исус отишол низ целата Галилеја, учејќи по синагогите и исцелувајќи ги луѓето од секакви болести и заболувања, оживувајќи ги мртвите и проповедајќи им го на сиромашните Евангелието за кралството Небесно.

Ѓаволот и Сатаната ги поттикнале првосвештениците, книжниците и Фарисетие, кои што почнале да коваат заговор и разни начини да го убијат Исуса, преку нив. Но злите не можеле ниту да го допрат Исуса сé до времето кое што го избрал Бог. Дури кон крајот на Неговото тригодишно свештенствување, Бог им дозволил да го уапсат и да го распнат Исуса, за да се исполни провидението за спасението на човештвото преку Исусовото распетие.

Подлегнувајќи им на притисоците од страна на Јудејците, Римскиот Гувернер Понтиј Пилат го осудил Исуса на распнување и Римските војници го крунисале Исуса со круната од трње, па потоа го заковале на крстот низ Неговите раце и нозе.

Распнувањето било еден од најсуровите методи на егзекуција на криминалците. Кога ѓаволот успеал во својата намера да го убие Исуса на еден таков суров начин, преку злите луѓе, колку ли тој морал да биде радосен и среќен! Тој очекувал дека веќе нема никој кој што би можел да го спречи во владеењето во овој свет, па затоа пеел песни радосници и почнал да танцува. Но Божјото провидение дури сега требало да биде видено низ сето тоа.

> *Но ја зборуваме Божјата мудрост преку мистерија, скриената мудрост којашто Бог ја предодредил уште пред вековите за нашата слава; мудроста којашто никој од владетелите во овој свет не можеше да ја свати; зашто ако ја беа сватиле тие немаше да го распнат Господа на славата* (1 Коринтјаните 2:7-8).

Бидејќи Бог е праведен, Тој не ја покажува апсолутната власт сé до точката на кршењето на законот, туку прави сé во согласност со законот на духовниот свет. Затоа, Тој го има поплочено патот за спасението на човештвото уште пред векови, во согласност со законот на Бога.

Во согласност со законот од духовниот свет којшто кажува, „платата за гревот е смртта" (Римјаните 6:23), ако една личност не направи никаков грев, тогаш таа не може да стигне во смртта. Но ѓаволот го распнал безгрешниот, непорочен и беспрекорен Исус. Значи дека ѓаволот го прекршил законот на духовниот свет и морал да ја плати казната за тоа, со тоа што ќе морал да го врати авторитетот којшто му бил предаден од страна на Адама, откако го имал извршено гревот на непокорот. Со други зборови, ѓаволот сега морал да се откаже од луѓето кои што го прифатиле Исуса како нивни Спасител и поверувале во Неговото име.

Ако непријателот ѓаволот знаел за оваа мудрост Божја, тој никогаш не би го распнал Исуса. Но бидејќи не бил свесен за оваа тајна, тој го убил безгрешниот Исус, помислувајќи дека со тој чин ќе си го осигура неговото држење на овој свет, за век и векови. Но всушност во реалноста, ѓаволот паднал во сопствената замка и завршил така што го прекршил законот на духовниот свет. Колку ли величествена и прекрасна била Божјата мудрост!

Всушност вистината е во тоа дека непријателот ѓаволот станал еден инструмент во исполнувањето на Божјото провидение за спасението на човештвото и како што е и проречено во Битие, неговата глава била „удрена" од страна на породот на жената.

Според Божјото провидение и мудрост, безгрешниот Исус умрел за да ги откупи гревовите на целото човештво и со тоа што воскреснал на третиот ден по Неговата смрт, Тој го скршил авторитетот на смртта, на непријателот ѓаволот и станал Кралот над кралевите и Господарот над господарите. Тој ја отворил вратата за спасението така што ние да можеме да станеме оправдани низ верата во Исуса Христа.

Затоа безброј луѓе низ историјата на човештвото биле спасени преку верата во Исуса Христа и уште многу од нив денеска се спасуваат преку прифаќањето на Господа Исуса Христа.

## Примањето На Светиот Дух Преку Верата Во Исуса Христа

Зошто го примаме спасението кога ќе поверуваме во Исуса Христа? Кога ќе го прифатиме Исуса Христа како нашиот Спасител, ние го примаме и Светиот Дух од Бога. Кога ќе го примиме Светиот Дух тогаш и нашиот дух, кој што бил умрен, ќе оживее. Бидејќи Светиот Дух е силата и срцето на Бога, Светиот Дух ги води чедата Божји кон вистината и им помага да живеат според Божјата волја.

Значи дека оние кои што навистина веруваат дека Исус Христос е нивниот Спасител, ги следат желбите на Светиот Дух и се трудат да живеат по Божјото Слово. Тие ќе се ослободат себеси од омразата, нервозата, љубомората, зависта, судењето и осудата на другите луѓе и прељубата, а наместо тоа ќе чекорат во вистината и добрината и ќе ги разбираат, ќе им служат и ќе ги сакаат другите луѓе.

Како што беше претходно спомнато, кога првиот човек Адам го извршил гревот со тоа што изел од плодот на дрвото за познавањето на доброто и злото, тогаш духот во човекот умрел и човекот бил ставен на патеката на уништувањето. Но кога ќе го примиме Светиот Дух, тогаш нашите мртви духови пак оживуваат, и колку што повеќе ги бараме желбите на Светиот Дух и чекориме во светот на вистината на Бога, ние постепено стануваме луѓето на вистината и одново го пронаоѓаме изгубениот лик на Бога.

Кога ќе чекориме во Словото на вистината на Бога, тогаш нашата вера ќе биде препознаена како „вистинската вера," и бидејќи нашите гревови ќе бидат очистени од страна на крвта Исусова, тогаш согласно со нашите дела во верата, ние ќе можеме да го примиме спасението. Поради таа причина во 1 Јован 1:7 се кажува, *"Ако чекориме во Светлината како што [Бог] Самиот е во Светлината, тогаш ние другаруваме едни со други и крвта на Исуса Неговиот Син ќе не исчисти од сите гревови."*

Така стигаме до спасението со верата, по примањето на проштевањето за нашите гревови. Но сепак, ако продолжиме да чекориме во гревот и по нашето исповедање на верата, тогаш исповедта ќе биде лага, па затоа, крвта на Господа Исуса Христа нема да може да ни ги откупи гревовите, ниту пак Тој ќе може да гарантира за нашето спасение.

Се разбира дека приказната е различна за луѓето кои што само што го примиле Исуса Христа. Иако тие сеуште не чекорат во целост во вистината, Бог ќе им го преиспита нивното срце, ќе поверува дека тие ќе се трансформираат и ќе ги поведе кон спасението, кога ќе види дека тие се трудат да маршираат по патот кон вистината.

# Исус Ги Исполнува Пророштвата

Божјото слово за Месијата коешто било пророкувано низ пророците било исполнето преку Исуса. Секој аспект од животот на Исуса, уште од Неговото раѓање, преку Неговото свештенствување и смртта со распетието, како и Неговото воскресение, биле во рамките на провидението на Бога за Него, за Тој да стане Месијата и Спасителот за сето човештво.

### Исус Роден Од Страна На Девица Во Витлеем

Бог пророкувал за раѓањето на Исуса преку Пророкот Исаија. Во времето кое што било избрано од Бога, силата на Највозвишениот Бог се спуштила врз чистата жена наречена Марија, во Назарет, во Галилеја и наскоро таа станала трудна, носејќи едно дете.

> *Затоа Самиот Господ ќе ви даде знак: Ете, девица ќе затрудни и ќе носи син, и ќе му го даде името Емануел* (Исаија 7:14).

Исто како што Бог им ветил на луѓето од Израел, „Нема

да има крај на линијата на кралеви во Куќата на Давида," Тој направил Месијата да дојде од жената наречена Марија, која што требала да биде венчана со Јосифа, потомок на Давида. Бидејќи ниту еден потомок на Адама, роден со изворниот грев, не би можел да го откупи гревовите на човештвото, Бог го исполнил пророштвото со тоа што Девицата Марија го родила Исуса, уште пред таа и Јосиф да се земат.

> *И ти Витлееме Ефратов, иако си најмал од сите кланови Јудејски, од тебе ќе Ми излезе Оној кој што ќе владее со Израелот. Неговото потекло е одамна, од почетокот на вечноста (Михеј 5:2).*

Библијата пророкува дека Исус ќе биде роден во Витлеем. Навистина, Исус бил роден во Витлеем во Јудеа, за време на владеењето на Кралот Ирод (Матеј 2:1), и историјата посведочува за овој настан.

Кога Исус бил роден, Кралот Ирод се плашел дека Тој може да претставува закана за неговото владеење, па затоа се обидел да го убие Исуса. Бидејќи не можел да го најде бебето, Кралот Ирод одлучил да ги убие сите машки деца во Витлеем и неговата околина, на возраст од две години и под тоа, па затоа се слушнал лелек и тажење низ целиот овој регион.

Ако Исус не дошол на овој свет како вистинскиот Крал на Јудејците, зошто тогаш кралот би го жртвувал толку големиот број на деца, само за да убие едно од нив? Оваа трагедија била направена затоа што непријателот ѓаволот барал да го убие Месијата, поради тоа што се плашел дека ќе го загуби владеењето над овој свет, па затоа го придвижил срцето на Кралот Ирод, кој што се плашел дека ќе ја загуби својата власт и круна, па преку него го извршил ова свирепо ѕверство.

## Исус Сведочи За Живиот Бог

Пред почетокот на Своето свештенствување, во текот на 30 години, Исус го зачувал и запазил Законот на Бога. Кога станал доволно возрасен за да стане свештеник, Тој почнал да го извршува Своето свештенствување за да стане Месија, онака како што било планирано уште пред вековите.

*Духот на ГОСПОДА Бога е врз Мене, бидејќи ГОСПОД ме помаза за да им ги донесам добрите вести на измачените; Тој ме испрати да ги лекувам оние кои што се со скршено срце, да им ја прогласам слободата на заробените и ослободувањето на затворениците; да ја проповедам поволната ГОСПОДОВА година и денот на одмаздата на нашиот Бог; да ги утешам оние кои што тагуваат во Сион, давајќи им венец наместо пепел, елеј на радоста наместо таѓа, обвивката на молитвата наместо опаднатиот дух. Така што тие ќе бидат наречени дабовите на праведноста, засадот од ГОСПОДА, за да може Тој да биде прославуван* (Исаија 61:1-3).

Како што можеме да видиме во горенаведеното пророштво, Исус ги решил сите проблеми од животот, со силата на Бога и ги утешил оние со скршено срце. И кога дошол часот којшто бил избран од страна на Бога, Исус отишол во Ерусалим, за да настрада и да го помине мачеништвото на Страдањата.

> *Ликувај од радост, О ќерко Сионова! Извикувај во триумф, О ќерко Ерусалимска! Ете, твојот крал доаѓа кај тебе; Тој е праведен и обдарен со спасение, кроток, седнат на осле, рожба на ослицата* (Захарија 9:9).

Согласно со пророштвото на Захарија, Исус влегол во градот Ерусалим јавајќи на осле. Толпата извикувала, „*Осана на Синот Давидов; Благословен е Оној кој што доаѓа во името на Господа; Осана на највизвишеното!*" (Матеј 21:9), и имало возбуденост којашто се чувствувала низ градот. Луѓето се радувале на тој начин, бидејќи ги манифестирал толку чудесните знаци и чуда, како што било одењето по водата и оживувањето на мртвите. Но наскоро, толпата ќе го издаде и ќе го распне.

Кога виделе колку голема толпа на луѓе го следи Исуса за да ги чуе Неговите авторитетни зборови и да ги види манифестирањата на Божјата сила, тогаш свештениците, Фарисеите и книжниците, почувствувале дека нивната позиција во општеството станува разнишана. Тогаш поради оваа силна омраза којашто ја чувствувале кон Исуса, тие почнале да прават заговор со намера да го убијат. Тие продуцирале најразлични лажни докази против Него и го обвиниле дека ги залажува и поттикнува луѓето. Исус ги покажал чудесните дела на Божјата сила, кои што не би можеле да бидат изведени, освен ако со Него не бил Самиот Бог, но сепак тие се обиделе да се ослободат од Него.

На крајот, еден од Исусовите ученици го предал Исуса и свештениците му платиле триесет сребреника за тоа што им помогнал во Неговото апсење. Захариевото пророштво за исплатата на триесетте сребреника кажува вака, *„Ги земав триесетте сребрени шекели и му ги фрлив на грнчарот,"* било исполнето (Захарија 11:12-13).

Подоцна, кога тој човек го предал Исуса за триесетте сребрени шекели, тој не можел да го надмине чувството на вина во себе и ги фрлил триесетте сребрени шекели во светилиштето на храмот, но свештениците потоа ги потрошиле тие пари за да ја купат „грнчаревата нива" (Матеј 27:3-10).

### Страдањата И Смртта На Исуса

Како што прорекол Пророкот Исаија, Исус ги истрпел Страдањата, за да може да ги спаси сите луѓе на светот. Бидејќи Исус дошол на овој свет за да го исполни провидението за откупувањето на греховите на Своите луѓе, Тој затоа бил обесен и умрел на дрвениот крст, којшто е симболот за проклетството и бил понуден како жртва кон Бога, жртва понудена за вината на целото човештво.

*Тој Самиот ги понесе нашите слабости и таги; но сепак ние самите сметаме дека Тој бил поразен и погоден од страна на Бога, и понижен. Но Тој беше прободен поради нашите прекршоци, беше скршен поради нашите беззаконија; казната за нашето добро падна врз Него, и преку Неговото камшикување ние се исцеливме. Сите ние како овци бевме застраниле, секој од нас беше пошол по својот пат; но ГОСПОД направи да беззаконијата наши сите паднат на Него. Тој беше угнетуван и Тој беше измачуван, но сепак устата Своја не ја отвори; исто како јагнето што се носи на колење и како овцата којашто е безгласна пред стрижачите свои, Тој исто така не ја отвори устата Своја. Преку угнетувањето и осудата беше земен; и како за Неговата генерација, која што сметаше дека Тој беше земен од земјата на живите заради престапот на моите луѓе, поради којшто беа на удар? Му одредија гроб со злосторниците, но сепак Тој беше погребан кај богатиот, бидејќи немаше никаков грев, ниту пак во устата Негова имаше измама. Но на ГОСПОДА му беше угодно да го скрши, ставајќи го на мака; бидејќи се понуди Себеси како понуда за вината, Тој ќе ги види Своите потомци, ќе ги продолжи деновите Свои и поради доброто угодување на ГОСПОДА, волјата Господова ќе напредува преку Неговата рака* (Исаија 53:4-10).

Во времињата на Стариот Завет, крвта на животните му се нудела на Бога, секој пат кога некоја личност ќе згрешела против Него. Но Исус ја пролеал Својата чиста крв, којашто во себе немала ниту изворен грев, ниту од Него извршен грев и „ја понудил едната жртва за гревовите од сите времиња" за да можат сите луѓе да добијат прошка за гревовите и да отидат кон вечниот живот (Евреите 10:11-12). Затоа Тој го има поплочено патот за проштевањето на гревовите и спасението коешто доаѓа преку верата во Исуса Христа, па така што ние веќе немаме потреба да ја жртвуваме крвта на животните.

Кога Исус го испуштил Својот последен здив на крстот, завесата на храмот се искинала на два дела, одозгора па сè до долу (Матеј 27:51). Завесата на храмот претставувала една голема завеса којашто го одвојувала Светиот дел на Светиите во Храмот од Светото Место во храмот, каде што не можеле да влезат обичните луѓе. Дозволено им било само на првосвештениците, еднаш годишно да влезат во овој дел на Светото место на Светиите.

Фактот дека „завесата на храмот била искината на два дела, од горе до долу" го симболизира тоа што кога

Тој Самиот се жртвувал Себеси нудејќи се како жртва за умилостивување, тогаш Тој го скршил ѕидот на гревот којшто стоел помеѓу Бога и нас. Во времињата на Стариот Завет, првосвештениците требало да ги понудат жртвите кон Бога, за откупот на гревовите на луѓето од Израелот, и да му се молат на Бога во нивно име. Сега кога бил искршен ѕидот на гревот којшто стоел помеѓу нас и Бога, ние веќе можеме самите да комуницираме со Бога. Со други зборови, секој кој што верува во Исуса Христа, сега може да влезе во светото светилиште на Бога, каде што може да го обожува и да му се моли на Бога.

*Ќе му доделам голем дел, и Тој ќе го дели Својот плен со силните; затоа што се понуди Себеси на смртта, и беше вброен меѓу прекршителите; но Тој Самиот ги понесе на Себе гревовите на многумина, и за престапниците посредуваше* (Исаија 53:12).

Како што запишал Пророкот Исаија за Страдањата и Распетието на Месијата, така Исус умрел на крстот заради гревовите на сите луѓе, но бил вброен меѓу престапниците. Дури и кога умирал на крстот, Тој го молел Бога да им прости на оние кои што го распнувале.

*Оче, прости им; оти не знаат што прават* (Лука 23:34).

Кога Тој умрел на крстот било исполнето пророштвото кое што било дадено во една од Псалмите, *„Тој ги задржа сите коски, ниту една од нив не беше скршена"* (Псалм 34:20). Ова исполнување може да се најде и во Јован 19:32-33, *„Така војниците дојдоа и им ги скршија нозете на првиот човек и на другиот човек кои што беа распнати заедно со Него; но доаѓајќи кај Исуса, кога видоа дека Тој е веќе мртов, не му ги скршија нозете."*

## Исус Го Исполнува Своето Свештенствување За Станувањето Месија

Исус ги понел гревовите на човештвото на Својот крст и умрел за луѓето, како вид на понуда за гревот, но исполнувањето на провидението на спасението не било низ Исусовата смрт.

Како што е проречено во Псалм 16:10, *„Зашто Ти нема да ја оставиш мојата душа на Шеол; ниту пак ќе дозволиш Светиот да пропадне,"* и во Псалм 118:17, *„Јас нема да умрам, туку ќе живеам и ќе кажувам за делата на ГОСПОДА,"* Исусовото тело не почнало да се распаѓа и Тој воскреснал на третиот ден по Неговата смрт.

Како што понатаму се пророкува во Псалм 68:18, *„Ти високо се вознесе, Ти ги поведе заробените кон Твоите заробени; имаше примено подароци од луѓето, дури и од најбунтовните исто така, за да може ГОСПОД Бог да пребива таму,"* Исус се вознесол на Небесата и ги очекува последните денови, кога Тој ќе ја заврши култивацијата на човештвото и ќе ги поведе Своите луѓе кон Небесата.

Лесно може да се воочи дека сето што Бог го имал проречено во врска со Месијата преку Неговите пророци, целосно се има исполнето преку Исуса Христа.

# Смртта На Исуса И Пророштвата За Израелот

Од Бога избраниот Израел не успеал да го препознае Исуса како Месија. Сепак, Бог не ги заборавил луѓето кои што Тој ги имал избрано и денеска го остварува Неговото провидение за спасението на Израелот.

Дури и низ распетиоето на Исуса, Бог ја прорекувал иднината на Израелот, а сето тоа било поради Неговата искрена љубов за луѓето од Израелот и Неговата желба да тие поверуваат во Месијата кого што го испратил и да го доживеат спасението.

## Страдањето На Израелот Кој Што Го Распнал Исуса

Иако Римскиот Гувернер Понтиј Пилат го осудил Исуса на распнување, сепак Јудејците биле тие кои што го гонеле Пилата да ја донесе таквата одлука. Пилат бил свесен дека не постои основа за да го осуди на смрт Исуса, но бидејќи толпата вршела притисок врз него, извикувајќи и барајќи го Исусовото распетие до тој степенот, да изгледало како да започнува побуна.

Зацврснувајќи во одлуката да го распне Исуса, Пилат земал

вода и си ги измил рацете пред насобраната толпа, кажувајќи им, „Јас сум невин за крвта на овој Човек; мислете му ја вие" (Матеј 27:24). Како одговор Јудејците извикале, „Неговата крв нека падне врз нас и нашите деца!" (Матеј 27:25)

Во годината 70 Н.Е., Ерусалим паднал под власта на Римскиот Генерал Тит. Тогаш бил уништен Храмот, а преживеаните биле натерани да ја напуштат татковината, раштркувајќи се насекаде по светот. Така започнало опстојувањето на Дијаспората, којашто траела околу 2,000 години. Степенот на измачувањата коишто ги искусиле луѓето на Израелот за време на периодот на Дијаспората, не би можел адекватно да биде опишан со зборови.

Кога Ерусалим паднал, околу 1.1 милион Јудејци биле заклани, а за време на Втората Светска Војна, околу шест милиони Евреи биле масакрирани од страна на Нацистите. Кога тие биле убивани од страна на Нацистите, Евреите биле соблекувани голи, а сето тоа е потсетување на фактот дека Исус бил гол распнат..

Се разбира, од преспектива на Израелот, тие би можеле да се расправаат дека сето тоа измачување не е резултат на фактот што го имаат распнато Исуса. Погледнувајќи назад на историјата на Израелот, сепак лесно може да се забележи дека Израелот и неговите луѓе биле заштитени од страна на Бога и се развивале и напредувале кога го живееле животот во согласност со Божјата волја. Кога се оддалечувале од Божјата волја тогаш тие биле казнувани и подложувани на разни измачувања и испитувања.

Па така знаеме дека страдањата на Израелот не биле без некоја причина. Ако распнувањето на Исуса било соодветно во Божјите очи, тогаш зошто Бог би го оставил Израелот среде непрестано и сурово измачување во текот на долг временски период?

### Исусовата Облека И Туника, И Иднината На Израелот

Уште еден инцидент којшто наговестувал за некои нешта кои што ќе му се случат на Израелот, се случил за време на Исусовото распетие. Како што можеме да прочитаме во Псалм 22:18, *„Тие ја поделија мојата облека меѓу нив, а за мојата наметка фрлаа коцка,"* Римските војници ја земале Неговата облека и ја поделиле на четири дела, по еден дел за секој од војниците, додека за Неговата туника фрлиле коцка, па еден од војниците ја земал со себе.

Како ли се врзува овој настан со иднината на Израелот? Бидејќи Исус е Кралот на Јудејците, Исусовата облека духовно ја симболизира од Бога избраната држава Израел и нејзиниот народ. Кога Исусовата облека била поделена на четири дела и обликот на облеката со тоа исчезнал, ова го наговестува уништувањето на државата Израел. Но сепак бидејќи ткаенината на наметката останала негибната, овој настан исто така наговестува дека иако државата Израел може да исчезне, името „Израел" ќе опстане.

Кое е значењето на фактот што Римските војници ја земале Исусовата облека и ја поделиле на четири дела, по еден за секој од војниците? Ова означува дека луѓето на Израелот ќе бидат уништени од страна на Рим и дека ќе бидат расеани по светот. Ова пророштво исто така било исполнето со падот на Ерусалим и уништувањето на државата Израел, што довело до раштркување на Јудејците низ целиот свет.

За Исусовата туника, Јован 19:23 кажува, *„Туниката беше безшевна, исткаена во еден дел."* Фактот што Неговата туника или хитонот била „безшевна" го означува тоа дека не биле споени повеќе слоеви на ткаенина во едно парче, за да ја оформат оваа ткаенина.

На повеќето од луѓето не им е важно на кој начин биле исткаени нивните облеки. Зошто тогаш Библијата во детали го запишала овој факт за структурата на Исусовата туника? Бидејќи тука лежи пророштвото за настаните коишто ќе му се случат на народот на Израелот.

Исусовата туника го симболизира срцето на луѓето од Израелот, срцето со кое што тие му служат на Бога. Фактот што туниката била „безшевна, исткаена во еден дел" означува дека срцето на Израелците кон Бога опстојувало уште од времето на нивниот прататко Јаков и не се поколебало во ниту една ситуација.

Низ Дванаесетте Племиња коишто следеле по времето на Авраама, Исака и Јакова е формирана нацијата и луѓето на Израелот се држеле цврсто до својата чистота како нација, без да се мешаат со Незнабошците. По поделбата на Израелот на Кралството Израел на север и на Кралството Јудеја на југ, луѓето од северниот дел почнале да се мешаат со другите, но Јудеа останала една хомогена нација. Секојдневно Јудејците го одржуваат својот идентитет, којшто датира уште од времето на нивните прататковци на верата.

Затоа, иако Исусовата облека била поделена на четири дела, Неговата туника останала таква како што била во целост. Ова го означува фактот дека иако појавата на државата Израел може да исчезне, срцето на луѓето од Израелот кое што било насочено кон Бога и нивната вера во Него, не можеле да бидат згаснати.

Поради фактот што тие го имале ваквото непоколебливо срце, Бог ги избрал нив за Негови избраници и преку нив Тој требало да го исполни Својот план и Својата волја, сѐ до денешниот ден. Иако поминале илјада години, луѓето на Израелот стриктно му се придржувале на Законот на Бога. Сето тоа се должи на фактот што го имаат наследено неизменетото, постојано срце на Јакова.

Иако скоро 1,900 години ја имале изгубено својата земја, луѓето од Израелот го шокирале светот кога ја прогласиле независноста и возобновувањето на нивната државност, на ден 14 мај, 1948.

> *Ќе ве земам од кај народите, ќе ве соберам од сите страни и ќе ве доведам во вашата земја* (Језекиил 36:24).

*И ќе живеете во земјата што им ја дадов на вашите прататковци; и ќе бидете Мој народ и Јас ќе бидам ваш Бог* (Језекиил 36:28).

Како што е веќе проречено во Стариот Завет, „По многу денови ќе бидете повикани; во последните години," луѓето од Израелот почнале да се собираат во Палестина и повторно ја воспоставиле својата држава (Језекиил 38:8). Уште повеќе, преку развивањето во една од најсилните земји во светот, Израел уште еднаш ги потврдил и му ги презентирал на светот, своите супериорни црти како нација.

## Бог Посакува Да Израелот Се Припреми Себеси За Исусовото Враќање

Бог посакува да новоформираниот Израел го предвиди и се припреми за Враќањето на Месијата. Исус дошол во земјата на Израелот пред околу 2,000 години, целосно исполнувајќи го провидението за спасението на човештвото и станал нивниот Спасител и Месија, којшто се вознесол на Небесата. Тој ветил дека ќе се врати и сакал Неговите избрани да го очекуваат враќањето на Месијата проследено со вистинската вера.

Кога Месијата Исус Христос повторно ќе се врати, Тој нема да се појави во некоја излитена штала, ниту пак ќе мора да ја истрпи казната на крстот на начинот на којшто морал да го стори тоа пред два милениума. Наместо тоа, Тој ќе се појави како заповедникот над армијата на небесните домаќини и ангели, кога ќе се врати во овој свет како Кралот над кралевите и Господарот над господарите, во славата на Бога, за да може целиот свет да го види.

> *Ете, Тој доаѓа со облаците, и секое око ќе го види, па дури и оние кои што го прободеа; и сите племиња ќе се расплачат пред Него. Така треба да стане* (Откровение 1:7).

Кога ќе дојде времето кое што е одредено за тоа, сите луѓе, верници и неверници, ќе го видат Господовото враќање во воздухот. На тој ден, сите оние кои што верувале во Исуса како во Спасителот на целото човештво, ќе бидат подигнати во облаците и ќе земат учество во Свадбениот Банкет којшто ќе се одржи во воздухот, но другите ќе бидат оставени да плачат и да жалат.

Како што Бог го има создадено првиот човек Адам и почнал со културацијата на човештвото, така сето тоа мора да дојде до крајот. Исто како што земјоделецот го сее семето а потоа го жнее во жетвата, исто така ќе дојде и времето за жетвата на културацијата на човештвото. Божјата културација на човештвото ќе биде завршена со Второто Доаѓање на Месијата Исус Христос.

Исус ни кажува во Откровението 22:7, *„И ете, набргу доаѓам. Благословен е оној кој што ги запазува зборовите на пророштвото запишани во оваа книга."* Нашето време е во последните денови. Во Неговата неизмерна љубов кон Израелот, Бог постојано ги просветува Своите луѓе преку нивната историја, за да го прифатат Месијата. Бог навистина искрено посакува не само Неговиот избран Израел, туку и целото човештво да го прифати Исуса Христа пред да дојде крајот на култивацијата на човештвото.

Еврејската Библија, позната им е на Христијаните како Стариот Завет

# Глава 3

# Богот Во Кој Што Верува Израелот

# Законот И Традицијата

Додека Бог го водел Неговиот избран народ, Израелот, надвор од Египет и кон ветената земја Ханаанска, Тој се спуштил на врвот од планината Синај. Потоа ГОСПОД Бог го повикал Мојсеја, водачот на Исходот, да дојде кај Него и му кажал дека свештениците би требале да се осветат себеси кога му приоѓаат на Бога. Како дополнение Бог му ги дал на народот и Десетте Заповеди и многуте други закони, пренесени преку Мојсеја.

Кога Мојсеј официјално им ги кажал сите зборови од Богот-Јехова и Неговите наредби неменети за народот, тие во еден глас му одговориле, кажувајќи му, *„Сите зборови коишто ГОСПОД ни ги кажал, ќе ги помниме и ќе ги слушаме!"* (Исход 24:3) Но додека Мојсеј бил на планината Синај одговарајќи му на повикот на Бога, луѓето му кажале на Арона да направи лик на теле и извршиле голем грев со тоа што почнале да го обожуваат овој идол.

Како ли е можно тие да бидат од Бога избраниот народ и да направат таков еден тежок грев? Сите луѓе од Адама, којшто го извршил гревот на непокорот, се потомци на

Адама и сите се раѓаат со грешната природа во нив. Луѓето пред да станат осветени преку обрежувањето на срцето, се принудени на гревот. Затоа Бог го испратил Својот единствен Син Исус, да преку Неговото распетие се отвори портата за спасението на човештвото, преку која ќе можат да му бидат простени гревовите на целото човештво.

Како тогаш Бог им го дал законот на луѓето? Десетте Заповеди што им биле дадени од Бога преку Мојсеја, Неговите одредби и декрети, сите заедно се познати како законот на Бога.

## Преку Законот Бог Ги Води Кон Земјата Каде Што Тече Мед И Млеко

Причината и целта поради која Бог им го дал законот на луѓето од Израелот додека биле во Исходот од Египет, била во тоа да им ги пружи радоста и благословите преку коишто ќе можеле да влезат во земјата Ханаанска, земјата каде што течело мед и млеко. Луѓето го примиле законот директно од Мојсеја, но не успеале да го одржат заветот кон Бога и извршиле многу гревови, вклучувајќи го тука и многу тешкиот грев на обожувањето на идоли, како и прељубодејствието. На крајот повеќето од нив завршиле умирајќи во своите гревови, за време на четириест годишното талкање по пустината.

Петтата Книга Мојсеева или Повторените Закони била запишана според зборовите искажани од Мојсеја и допира во заветот кон Бога и законите. Кога повеќето од првата генерација на луѓето кои што биле во Исходот умреле, освен Јошуа и Калеб, кога наближило времето да ги напушти луѓето на Израелот, Мојсеј желно ги повикувал луѓето родени во втората и третата генерација за време на Исходот, да го сакаат Бога и да ги почитуваат Неговите заповеди.

*И сега Израеле што друго сака ГОСПОД твојот Бог од тебе, освет да се плашиш од ГОСПОДА твојот Бог, да одиш по сите Негови патишта и да го сакаш и да му служиш на ГОСПОДА твојот Бог, со сето свое срце и со сета своја душа, запазувајќи ги ГОСПОДОВИТЕ заповеди и Неговте одредби, коишто јас денеска ви ги заповедам заради ваше добро? (Повторени Закони 10:12-13).*

Бог им го дал законот, посакувајќи тие слободно по своја волја и од сé срце да му се покорат на законот, потврдувајќи ја својата љубов за Бога преку чинот на своето покорување кон Неговите закони. Тој не им го дал законот за да ги ограничи или обврзе на некој начин, туку само сакал да ги прифати нивните срца на покорноста и потоа да им даде благослови.

*Овие зборови коишто ти ги заповедам денес, да бидат во срцето и душата твоја. Вредно поучувај ги синовите свои за нив и зборувај за нив кога седиш во куќата своја и кога одиш на пат и кога си легнуваш и кога стануваш. Заврзи ги како знак на раката твоја и нека ти бидат постојано пред очите твои. Запиши ги на надвратникот од куќата твоја и на портата твоја* (Повторени Закони 6:6-9).

Преку овие стихови Бог им кажал на луѓето од Израелот како да го носат законот во своите срца, да поучуваат за него и да го практикуваат. Низ вековите, законите и одредбите на Бога, запишани онака како што Мојсеј ги има запишано во Петте Книги на Мојсеја, сеуште се меморизираат и запазуваат, но фокусот на почитувањето на законот е насочен само кон надворешно изразување на истиот.

### Законот И Традицијата На Старите

На пример, законот заповеда Сабатот да се зачува како свет ден, а старите за тоа имале изрегулирано многу детални традиции, коишто можеле да доведат до развивањето на односот кон законот, како што е на пример, забраната за употребата на автоматските врати, лифтовите или ескалаторите, па сé до забраната да се отворат бизнис писма, пасоши и некои други пакети. Како ли настанала традицијата на старите?

Кога Храмот на Бога бил уништен и народот на Израелот бил одведен во заробеништво во Вавилон, тие веднаш си помислиле дека тоа мора да е резултат на нивното неуспешно служење на Бога, со сето нивно срце. Тие сакале да му служат на Бога на еден многу посоодветен начин и да го применуваат законот во ситуациите коишто со текот на времето се менувале, па затоа направиле некои многу стриктни одредби, коишто морале да ги запазат.

Овие одредби биле воспоставени затоа што сакале да му служат на Бога со целото свое срце. Со други зборови си поставиле некои многу стриктни одредби, коишто во детали им го одредувале секој аспект од животот, за да можат да го запазат законот во нивните секојдневни животи.

Понекогаш стриктните одредби ја играле улогата на заштитата на законот. Но со текот на времето, тие го промашиле вистинското значење што било вградено во законот, давајќи му поголемо внимание и важност на надворешното изразување и следење на законот. На тој начин се нашле во ситуација кога почнале да застрануваат од вистинското значење на законот.

Бог го гледа и прифаќа срцето на секој поединец којшто го запазува законот и не придава толкава важност и внимание на надворешното изразување на законот. Значи дека Тој го воспоставил законот, за да може да ги побара оние кои што навистина го почитуваат, како и да им го даде благословот на оние коишто му се покоруваат. Иако голем број од луѓето кои што живееле во времињата на Стариот Завет изгледале како да го запазуваат законот, но во исто време постоеле и многумина кои што го прекршувале законот.

> *„Ох, има некој меѓу вас на кои што би им ги затворил портите, да не можат бескорисно да го распалуваат огнот на Мојот жртвеник! Тие луѓе не ми се угодни,"* кажува ГОСПОД Саваот, *„ниту пак ќе ја прифатам понудата од нив"* (Малахија 1:10).

Кога учителите на законот и старешините го наклеветиле Исуса и ги проколнале Неговите ученици, тоа се случило не заради тоа што учениците го имале прекршено законот, туку затоа што ја прекршиле традицијата на старите. Ова е убаво опишано во Евангелието по Матеја.

> *Зошто учениците Твои не го запазуваат преданието на старите? Зошто не си ги мијат рацете пред да јадат леб* (Матеј 15:2).

Во тој момент Исус ги просветлил за фактот дека заповедите Божји не биле прекршени, туку било прекршено преданието на старите. Се разбира дека е важно да се запазува законот преку надворешното делување, но многу поважно е да се свати вистинската волја Божја, којашто е вплотена во самиот закон.

Исус им одговорил, кажувајќи им,

> *Зошто вие самите ја прекршувате Божјата заповед заради вашите преданија? Затоа што Бог кажал, „Почитувај го својот татко и својата мајка," и „Да се убие секој кој што ќе каже нешто лошо за својот татко или својата мајка." Но вие кажувате, „Оној кој што ќе му каже на својот татко или на својата мајка, 'Сето она што го имам а што би можело да ти помогне, му е дадено на Бога,' тој не си го почитува својот татко или својата мајка." Со сето ова вие го поништувате Словото Божјо, заради доброто на вашите преданија* (Матеј 15:3-6).

Во следните стихови, Исус исто така кажува,

> *Лицемери, добро проповедал за вас Исаија: „Овој народ Ме почитува со усните, но срцето нивно е далеку од Мене. Но напразно Ме обожуваат, бидејќи проповедаат човечки учења"* (Матеј 15:7-9).

Откако ја повикал кон себе толпата, Исус им кажал,

*Слушнете и разберете. Не го осквернавува човека она што влегува преку устата, туку она што излегува од устата е тоа што го осквернува него* (Матеј 15:10-11).

Чедата Божји треба да си ги почитуваат своите родители, како што е и запишано во Десетте Заповеди. Но Фарисеите ги поучувале луѓето дека чедата коишто им служат и ги почитуваат своите родители преку своите имоти, можат да бидат изземени од должноста, ако објават дека нивната своина ќе му биде на Бога. Тие имале направено толку многу одредби коишто им го одредувале секој дел од нивниот живот и тоа во толку многу минуциозни поединости, што Неверниците не се ни осмелувале да ги запазуваат сите овие стриктни преданија и традиции на старите, па така што Израелците си помислувале дека работат сѐ како што треба, како избраниот од Бога народ.

### Богот Во Кој Што Верува Израелот

Кога Исус ги лекувал болните луѓе во време на Сабатот, Фарисеите го осудиле за прекршување на законот за Сабатот. Еден ден Исус влегол во синагогата и видел како еден човек со исушена рака стои пред Фарисеите. Исус имал намера да ги разбуди и затоа ги запрашал, кажувајќи им го следното:

*Дали е законито да човек прави добрина, или*

*пак е законито да повреди некого за време на Сабатот, да спаси живот или да убие?* (Марко 3:4)

*Кој од вас, кој што има овца, нема да ја извади од јамата, ако таа во време на Сабатот падне во неа? А колку ли е повеќе вреден човекот од овцата! Па тогаш, законито е да се прави добро во време на Сабатот* (Матеј 12:11-12).

Бидејќи Фарисеите биле претходно исполнети со многу рамки на законот, формирани во рамките на традицијата на старите и имале многу мисли и манири во животот коишто биле свртени према нив самите, тие не само што не успеле да ја сватат вистинската волја Божја која што била вплотена во законот, туку исто така не успеале ниту да го препознаат Исуса, кој што дошол на земјата како Спасител.

Исус многу често им го предочувал ова и ги повикувал да се покајат и да се одвратат од своите погрешни дела. Тој повторно им пришол, бидејќи видел дека тие ја запоставиле вистинската намера на Бога, кој што им ги дал законите, па затоа се свртеле кон надворешните дела при почитувањето на законот.

*Тешко вам книжници и Фарисеи, лицемери! Затоа што давате десеток од нане, копра и кимин, а сте го запоставиле најважното од законот: праведноста, милоста и верата; ова се нештата коишто требаше да ги правите, без да ги запоставувате другите* (Матеј 23:23).

*Тешко вам книжници и Фарисеи, лицемери! Затоа што ја чистите надворешноста на чашата и на чинијата, а внатре тие сеуште се полни со грабеж и себично уживање* (Матеј 23:25).

Луѓето на Израелот кои што биле под контролата на Римската Империја, си создале слика во своите умови дека Месијата ќе им дојде со голема сила и чест и дека Месијата ќе може да ги ослободи од репресијата, помагајќи им да завладеат со сите раси и народи.

Во меѓувреме, на еден столар му се родил син; Тој се дружел со напуштените, болните и грешниците; Тој го нарекол Бога „Оче," и посведочил дека *Тој е Светлината на светот*. Кога ги прекорил луѓето заради нивните гревови, оние кои што се придржувале до законот по некои свои стандарди, нарекувајќи се себеси праведни, почувствувале бодеж во срцата поради Неговите зборови и затоа го распнале без причина.

### Бог Сака Да Имаме Љубов И Проштевање

Фарисеите стриктно ги запазувале одредбите на Јудаизмот и ги сметале долгите години на обичаи и традиција за онолку вредни, колку што им биле и нивните животи. Поради тоа што работеле за Римската Империја, тие ги сметале митниците за грешници и затоа ги избегнувале.

На почетокот од Матеј 9:10 се кажува дека кај Исус, кој што седел на масата во куќата на митникот по име Матеј, одеднаш дошле голем број на митници и грешници и седнале со Исуса и Неговите ученици. Кога Фарисеите го виделе сето тоа, тие им кажале на Неговите ученици, „Зошто Учителот ваш јаде заедно со митниците и грешниците?" Кога Исус ги слушнал како ги проколнуваат и осудуваат Неговите ученици, Тој им го објаснил срцето на Бога. Бог на секого му ја дава Својата непресушна љубов и милост. Секој кој што од сé срце ќе се покае и одврати од своите гревови, може да ја добие.

Матеј 9:12-13 продолжува, „А Исус кога го чу тоа, им рече, 'Оние што се болни имаат потреба за лекар, а не здравите. Туку одете и научете што ова значи: „Посакувам сочувство, а не жртва," бидејќи не сум дојден за да ги повикам праведните, туку грешните.'"

Кога за грешноста на луѓето од Нинива се слушнало дури и на Небесата, тогаш Бог одлучил да го уништи градот. Но пред да го стори тоа, Тој го испратил Својот пророк по име Јона, за да им дозволи да се покајат за своите гревови. Луѓето почнале да постат и во целост се покајале за своите гревови, па затоа Бог се откажал од одлуката да ги уништи. Но Фарисеите биле тие, кои што си мислеле дека никој кој што ќе го прекрши законот, не може да има друга опција, од таа да биде осуден. Најважниот дел од законот е всушност непресушната љубов и проштевање, но Фарисеите сметале дека да се осуди некој е повредно, од проштевањето со љубов.

На истиот начин, кога не го разбираме срцето на Бога, кој што ни го дал законот, тогаш ние стануваме наклонети кон тоа да им судиме на луѓето, поведени по основа на некои наши размисли и теориии, а таквите судења подоцна ќе бидат сметани за погрешни и против Бога.

# Божјата Вистинска Намера За Давањето На Законот

Бог ги создал Небесата и земјата и сето што се наоѓа на нив, а го создал и човекот со намера да се здобие со вистинските чеда, кои што ќе наликувале на Неговото срце. Со ваквата намера, Бог им кажал на Своите луѓе, *„бидете свети, бидејќи Јас сум свет"* (Левит 11:44). Ако сме божји само во појавата, тогаш Тој не тера да се плашиме од Него, а сè со намера да станеме безгрешни, преку чинот на отфрлањето на злото од нашите срца.

Во Исусовото време, Фарисеите и книжниците имале многу поголем интерес во понудите и делата на запазувањето на законот, отколку што би можеле да имаат во осветувањето на своите срца. На Бога му се помили скршените и покајнички срца, отколку принесувањето на жртвите (Псалм 51:16-17), па така Тој ни го дал законот за да се покаеме за нашите гревови и да се одвратиме од нив, преку законот.

## Божјата Вистинска Волја Вплотена Во Законот Од Стариот Завет

Тоа не значи дека народот на Израелот воопшто не ја

вклучувал својата љубов за Бога, во делата преку кои го запазувал законот. Но Бог посакувал тие да си ги осветат срцата, па затоа сериозно ги прекорил преку Пророкот Исаија.

*„Зошто Ми се многуте ваши жртви?" кажува ГОСПОД. „Презаситен сум од сепаленици на овнови и од маснотијата на згоениот добиток; не Ми е угодна крвта на биковите, јагнињата или на козите. Кога ќе дојдете да се појавите пред Мене, кој од вас бара да газите по дворовите Мои? Не носете ми ги веќе вашите безвредни понуди, нивната миризба Ми е одвратна. Не можам веќе да ги трпам вашите новомесечја и сабати, свикувањата на собранија и вашите беззаконија и свечените собири"* (Исаија 1:11-13).

Вистинското значење на запазувањето на законот не се состои од надворешните делувања, туку од подготвеноста на внатрешното срце. Значи дека на Бога не му се угодни многуте жртви кои што му се нудат само преку вообичаените, површни делувања на влегувањето во светите судници. Без разлика колку многу жртвувања му имаат понудено, во согласност со законот, Бог не наоѓа задоволство во нив, бидејќи тие не му биле понудени преку срцата коишто би биле во согласност со волјата на Бога.

Истото важи и за нашите молитви. Самото молење преку молитвата не е толку важно, колку што е важно однесувањето на нашето срце, за време на молитвата. Псалмистот ни кажува во Псалм 66:18, *„Ако во срцето имам грешност, ГОСПОД нема да ме чуе."*

Бог дозволил преку Исуса луѓето да чујат дека Тој не наоѓа задоволство во нивните молитви упатени кон Него, посебно не од луѓето кои што се лицемерни или горделиви, туку му се угодни само искрените молитви од срце.

> *И кога се молиш, не биди како лицемерите; кои што сакаат да стојат по синагогите и по ќошињата на улиците, само за да бидат видени од страна на другите луѓе. Вистина ти велам дека тие веќе си ја имаат добиено својата награда. Но ти, кога се молиш, влези во својата внатрешна соба, затвори ја вратата и помоли му се на твојот Отец, кој што е во тајност, па Тој ќе види дека тоа е направено во тајност, и ќе те награди* (Матеј 6:5-6).

Истото се случува и кога се покајуваме за своите гревови. Кога се покајуваме за нашите гревови, тогаш Бог не сака да види како си ги кинеме алиштата и како лажно жалиме, туку сака да види како си ги кинеме срцата и од сѐ срце се покајуваме за нашите гревови. Самиот чин на покајување не е толку битен, она што му е битно на Бога и што ќе направи да ни го прифати покајанието е фактот дека сме се покајале од сѐ срце.

> *„Но и уште сега," објавува ГОСПОД, „Вратете се кај Мене со сето ваше срце, преку пост, плач и жалење; и раскинете си ги вашите срца а не вашите облеки. Вратете се сега кај ГОСПОДА вашиот Бог, бидејќи Тој е милостив и сочуствителен, долготрпелив, полн со љубов и попустливо сожалува за злото"* (Јоил 2:12-13).

Со други зборови, Бог посакува да ги прими срцата на оние луѓе кои што го практикуваат законот од сѐ срце, отколку самите дела на запазувањето на законот. Ова во Библијата е објаснето преку фразата „обрежување на срцето." Ние можеме да си ги обрежеме нашите тела со откинувањето на кожичката, но за да си ги обрежеме срцата треба да си ги раскинеме во целост.

### Обрезание На Срцето Коешто Му Е Угодно На Бога

На што точно се однесува обрежувањето на срцето? Тоа се однесува на „сечењето и отфрлањето на сите видови на зло и гревови, вклучувајќи ги тука зависта, љубомората, нервозата, лошите чувства, прељубата, лагата, измамата, судењето и осудата кои што доаѓаат од срцето." Кога ќе ги отфрлите гревовите и злото од вашите срца, запазувајќи го законот, тогаш Бог го прифаќа сето тоа како една совршена покорност.

> *Обрежете се себеси заради ГОСПОДА и симнете го крајчето од вашите срца, луѓе на*

*Јудеја и жители на Ерусалим, за да не се појави Мојот гнев и да пламне како незгаслив оган, поради злото во вашите дела* (Јеремија 4:4).

*Па така обрежете си ги вашите срца, не здрвувајќи си ги повеќе вашите вратови* (Повторени Закони 10:16).

*Египет и Јудеа, и Едом и синовите Амонови, и Моав и сите оние што ја населуваат пустината, и кои што се стрижат од страна; сите народи се необрезани, а сите куќи Израелеви имаат необрезано срце* (Јеремија 9:26).

*И ќе го обреже ГОСПОД срцето твое и на твоите потомци, за да го сакате ГОСПОДА вашиот Бог од сé срце и со сета своја душа, за да можеш да живееш* (Повторени Закони 30:6).

Затоа Стариот Завет често не повикува да си ги обрежеме срцата, бидејќи само оние кои што се обрежани во срцата можат да го сакаат Бога со сето срце и душа.

Бог посакува Неговите чеда да бидат свети и совршени. Во Битие 17:1, Бог му кажал на Авраама да „биде безгрешен," а во Левит 19:2, Тој им заповеда на луѓето од Израелот да „бидат свети."

Јован 10:35 кажува, *„Ако Тој ги нарече богови, оние до кои што дојде Словото Божјо (и Писмото не може да биде скршено),"* и 2 Петар 1:4 ни кажува, *„Преку кои ни се даруваниа Неговите скапоцени и величествени ветувања, за да преку нив можеме да станеме учесници во божјата природа, бегајќи од расипаноста којашто е во овој свет на похотата."*

Во времињата од Стариот Завет, луѓето биле спасувани преку делувањата со коишто се запазувал законот, додека во времињата на Новиот Завет можеме да се спасиме преку верата во Исуса Христа, кој што со љубов го има исполнето законот.

Спасението преку делата коешто се одвивало во времињата од Стариот Завет, било можно на тој начин да кога луѓето имале грешни желби да убијат, кога биле полни со омраза, кога сакале да извршат прељуба, да излажат, но сепак не го правеле тоа во стварноста, тогаш тоа ги водело кон спасение. Во времињата на Стариот Завет, Светиот Дух не пребивал во нив и тие биле во неможност да ја отфрлат грешната природа на желбите, само со својат сила. Па така, ако во стварноста не извршеле некој грев, тогаш и не биле сметани за грешници.

Но сепак, во времињата на Новиот Завет, би можеле да се здобиеме со спасението само преку обрежувањето на нашите срца со верата. Светиот Дух ни дозволува да дознаеме за гревот, праведноста и за судот, па ни помага да живееме според Словото Божјо, да ја отфрлиме невистината и грешната природа, а со тоа и да си ги обрежеме нашите срца.

Спасението преку верата во Исуса Христа, не ни се дава едноставно затоа што ќе дознаеме и поверуваме во Исуса Христа како Спасителот. Само кога ќе успееме да го исфрлиме злото од нашите срца поради тоа што го сакаме Бога и чекориме во вистината со вера, само тогаш Бог ќе може да го смета тоа за вистинска вера и да нé поведе не само кон комплетирањето на спасението, туку и кон патеката на чудесните одговори и благослови.

### Како Да Му Угодиме На Бога

Природно е едно чедо Божјо да не греши во дело. Исто така е нормално тоа чедо Божјо да ги отфрли невистините и грешната природа на срцето, за да наликува на светоста на Бога. Ако не извршите гревови во делувањето, туку ги наталожите грешните желби во себе, сепак не би можеле да бидете сметани за праведни од страна на Бога.

Затоа е запишано во Матеј 5:27-28, *"Сте слушнале дека било кажано, 'Не врши прељуба'; но Јас ви кажувам дека секој кој што со похота ќе погледне на некоја жена, веќе во срцето свое ја има извршено прељубата."*

А во 1 Јован 3:15 се кажува, *"Секој кој што го мрази братот свој е убиец; а знаете дека во убиецот не пребива вечниот живот."* Овој стих не повикува да се ослободиме од омразата којашто е во нашите срца.

Како би требале да делувате кон своите непријатели, кои што ве мразат, а сето тоа да биде во согласност со волјата Божја и угодно за Бога?

Законот од Стариот Завет ни кажува, *„Око за око [и] заб за заб."* Со други зборови законот ни кажува, *„Како што го повредил човека, така и нему да му се направи"* (Левит 24:20). За да се спречи некој некого да повреди, биле донесени вакви стриктни одредби. Тоа било така затоа што Бог знаел дека човештвото во својата грешност, го има обичајот да му возврати во поголема мера на оној кој што му нанел зло.

Кралот Давид бил пофален како личност која што била според срцето на Бога. Кога Кралот Саул се обидел да го убие, Давид не му возвратил со зло, туку се однесувал кон него со добрина, сé до последниот момент. Давид успеал да го види вистинското значење коешто било вплотено во законот и го живеел својот живот воден само од Словото на Бога.

*Немој да се одмаздуваш, ниту да чувствуваш омраза кон синовите на народот твој, туку сакај го ближниот свој како што се сакаш себеси; Јас сум ГОСПОД твојот Бог* (Левит 19:18).

*Не радувај се кога непријателот твој ќе падне, и нека не се радува срцето твое кога тој ќе се сопне* (Книга Соломонови Изреки 24:17).

*Ако непријателот твој е гладен, дај му храна да јаде; а ако е жеден, дај му вода да пие* (Соломонови Изреки 25:21).

*Сте слушнале дека е кажано, „Сакајте го ближниот свој а мразете го својот непријател." А Јас пак ви велам, сакајте ги непријателите свои и молете се за оние кои што ве прогонуваат* (Матеј 5:43-44).

Во согласност со горе наведените стихови, ако ви се чини дека го запазувате законот, а не и простувате на личноста која што ви создала неволји, на Бога нема да му биде угодно со вас. Тоа е затоа што Бог ни има кажано да ги сакаме нашите непријатели. Ако го запазувате законот правејќи го тоа со сето срце, со срцето кое што Бог посакува вие да го имате, тогаш ќе можете да бидете сметани за луѓе кои што во целост му се покоруваат на Словото на Бога.

## Законот, Знак На Божјата Љубов

Богот на љубовта сака да ни ги даде бескрајните благослови, но бидејќи Тој исто така е и Богот на правдата, Тој нема друг избор освен да не предаде на ѓаволот, онолку колку што ги извршуваме гревовите. Затоа некои верници, кои што веруваат во Бога, страдаат од најразлични болести и се соочуваат со разни несреќи и катастрофи, бидејќи не ги живеат животите во согласност со Словото на Бога.

Бог ни има дадено многу заповеди, во Неговата љубов со којашто сака да не заштити од испитувањата и болката. Колку многу инструкции им даваат родителите на своите деца, за да ги заштитат од болестите и несреќите?

„Измиј си ги рацете кога ќе дојдеш дома."
„Исчеткај си ги забите по јадење."
„Погледни на двете страни кога ја поминуваш улицата."

На истиот начин Бог, понесен од Својата љубов кон нас, заради наше добро ни укажува да ги запазиме Неговите заповеди и одредби (Повторени Закони 10:13). Зачувувањето и практикувањето на Словото Божјо е нешто налик на ламба, која што ни го осветлува нашиот пат низ животот. Без разлика колку и да е темно, можеме безбедно да чекориме по патот одејќи до некое одредиште, носејќи си ламба која што би ни го осветлувала патот, па со истото значење, кога Бог кој што е светлината е со нас, тогаш ние сме заштитени и ја уживаме привилегијата и благословот како чедата на Бога.

Колку ли му е угодно на Бога, кога си ги заштитува Своите чеда кои што му се покоруваат на Неговото Слово, светкајќи со очите и давајќи им сè што ќе посакаат! Согласно со ова, Божјите чеда кои што успеваат да си ги изменат своите срца во чисти и добри срца, наликувајќи на Бога онолку колку што го зачувуваат и му се покоруваат на Словото, можат да ја почувствуваат длабочината на Божјата љубов и можат да го сакаат Бога уште повеќе.

Затоа законот кој што ни е даден од Бога наликува на учебник за љубовта, кој што ни го претставува патот којшто води кон најдобрите благослови, коишто Бог им ги дава на луѓето додека се под процесот на култивација, тука на земјата. Божјиот Закон не ни претставува товар којшто треба да го носиме, туку не заштитува од сите видови на несреќи коишто се случуваат во светот, којшто е под власта на непријателот ѓаволот и Сатаната, водејќи не кон патеката на благословоот.

### Исус, Кој Што Со Љубов Го Има Исполнето Законот

Во Повторените Закони 19:19-21 можеме да видиме дека во времињата од Стариот Завет, кога луѓето извршувале гревови со своите очи, тогаш тие требале да им бидат извадени. Кога извршувале гревови преку своите раце или нозе, тогаш нивните раце или нозе требало да им бидат исечени. Кога извршувале убиство или прељуба, тогаш тие биле осудувани на смрт со каменување.

Законот на духовниот свет ни кажува дека резултатот на нашите гревови е смртта. Затоа Бог сериозно ги казнува оние кои што имаат извршено некои непростиви гревови, сакајќи со тоа да ги предупреди другите, да не извршуваат слични нешта.

Но Богот на љубовта не бил во целост задоволен со

верата со којашто се придржувале до законот и затоа им кажал, „Око за око, и заб за заб." Но тој често повторувал во Стариот Завет дека тие требале да си ги обрежат своите срца. Тој не сакал Неговите луѓе да чувствуваат болка заради Неговиот закон, па кога дошол часот за тоа, Тој го испратил Исуса на земјата, за да ги понесе на Себе сите гревови на човештвото и со љубов да го исполни законот на Бога.

Без Исусовото распетие, нас би ни биле исечени рацете и нозете, бидејќи имаме извршено гревови со рацете и со нозете. Но Исус го земал крстот и ја пролеал Неговата скапоцена крв, преку тоа што Неговите раце и нозе биле заковани на крстот, а со тоа не исчистил од сите наши гревови, коишто ги имаме извршено со рацете и нозете. Затоа благодарение на големата љубов Божја, ние не мораме да ги дадеме рацете и нозете да ни бидат исечени.

Исус, кој што е едно со Богот на љубовта, дошол долу на земјата и со љубов го исполнил законот на Бога. Исус живеел живот кој што служел за пример како би требало да се зачувуваат законите на Бога.

Иако во целост го одржувал законот, Тој сепак не ги осудил оние кои што не успеале да го зачуваат законот, кажувајќи им, „Вие го прекршивте законот, па затоа одите по патеката на смртта." Наместо тоа, Тој дење, ноќе, ги поучувал луѓето на вистината, сé со намера да направи макар само уште една душа да се покае за своите гревови и да го достигне спасението. Тој непрестано работел на лекувањето на болните луѓе и на ослободувањето на оние кои што биле оковани со оковите на болестите, немоќите, и опседнати од демоните.

Исусовата љубов била исклучително претставена кога жената, која што била фатена во чинот на прељуба, била фатена и доведена пред Исуса, од страна на книжниците и Фарисеите. Во 8та глава од Евангелието по Јована, можеме да прочитаме дека книжниците и Фарисеите ја довеле таа жена пред Него и го запрашале, *„А Мојсеј во Законот ни заповеда таквите како неа со камења да ги убиваме; што велиш Ти за тоа?"* (с. 5) Исус потоа им одговорил кажувајќи, *„Оној од вас кој што е без грев, прв нека фрли камен на неа"* (с. 7).

Поставувајќи им го тоа прашање, Тој сакал да ги разбуди дека не само жената, туку исто така и тие самите, кои што ја обвиниле за прељуба, а кои исто така сакале да најдат основа за обвинение и против Исуса, биле исти грешници пред Бога, па така ниеден од нив не би требало да се осмели да осуди било кого. Кога луѓето ги чуле овие зборови, нивните совести ги осудиле, па затоа еден по еден се разотишле, почнувајќи од најстариот па сé до последниот. Така Исус останал сам, со жената која што стоела на средината.

Исус не можел да види никој друг освен жената и ѝ рекол, *„Жено, каде се [оние кои што те обвинуваа]? Никој ли не те осуди?"* (с. 10) Таа кажала, „Никој, Господи." И тогаш

Исус ѝ кажал, *„Ниту Јас не те осудувам. Оди. Одсега натаму немој повеќе да грешиш"* (с. 11).

Кога жената била доведена и кога нејзиниот непростлив грев бил откриен, таа била опседната со голем страв. Па така, кога Исус ѝ простил, можете ли да си замислите колку многу солзи таа пролеала во тоа длабоко чувство на благодарноста! Кога и да се присетела на чинот на ова проштевање и на љубовта на Исуса, таа не се осмелувала да го прекрши законот уште еднаш, ниту пак можела уште еднаш да згреши. Сето ова било возможно поради тоа што го сретнала Исуса, кој што го исполнувал законот со љубов.

Исус го исполнил законот со љубов, не само за оваа жена, туку исто така и за сите други луѓе. Тој воопшто не си го штедел Својот живот, положувајќи го на крстот за нас грешниците, носејќи го во Себе срцето на родител кој што не се воздржува да си го даде животот за Своите деца кои што се давеле.

Исус бил безгрешен и непорочен, еднороден Син на Бога, но ги понел сите неверојатни болки, ја пролеал сета Своја крв и вода, положувајќи го Својот живот на крстот, за нас грешниците. Неговото распетие претставувало најчувствителен момент на исполнување на огромна љубов, било кога споменат во историјата на човештвото.

Кога оваа сила на Неговата љубов паѓа врз нас, тогаш ние ја примаме силата да можеме во целост да го запазиме законот и да бидеме способни да го исполниме со онаква љубов, со каква Исус го правел тоа.

Ако Исус го немал исполнето законот со љубов, туку наместо тоа им судел и ги осудувал сите водејќи се само со законот, одвраќајќи ги Своите очи од грешниците, тогаш колкав број на луѓе би можеле да бидат спасени од овој свет? Како што е запишано во Библијата, *„Нема некој праведен, нема ниту еден"* (Римјаните 3:10), никој не би можел да биде спасен.

Затоа, Божјите чеда на кои што им биле простени гревовите преку големата љубов на Бога, не само дека треба да го сакаат Бога запазувајќи ги Неговите заповеди со скромно срце, туку исто така треба да си ги сакаат своите ближни како самите себеси и да им служат, проштевајќи им за сé.

## Оние Кои Што Им Судат И Ги Осудуваат Другите Според Законот

Исус го исполнувал законот со љубов и станал Спасителот на целото човештво, но за разлика од него што правеле Фарисеите, книжниците и учителите на законот? Тие инсистирале законот да се запазува преку делата наместо да инсистираат на осветувањето на своите срца, онака како што Бог посакувал тие да прават. Но тие мислеле дека во целост го запазуваат законот, постапувајќи на својот начин. Уште повеќе, тие не им проштевале на оние кои што не го запазувале законот, туку веднаш им суделе и ги осудувале.

Но нашиот Бог никогаш не сака да види како ние им судиме и ги осудуваме другите луѓе, без да покажеме милост и љубов. Ниту пак сакал да се трудиме да го запазуваме законот без да ја искусиме љубовта на Бога. Ако го запазуваме законот а не успееме во тоа да го сватиме срцето на Бога и не успееме да го направиме сето тоа со љубов, тогаш нема да имаме никаква корист од сето тоа.

> *Да го имам дарот на прорекувањето и да ги знам сите тајни, имајќи го сето знаење; да ја имам толкавата вера да можам планини да поместувам, но ако ја немам во себе љубовта, тогаш не сум ништо. И ако ја раздадам сета моја сопственост на сиромашните, и ако си го предадам телото да биде изгорено, ако немам љубов, тогаш од сето тоа немам никаква корист* (1 Коринтјани 13:2-3).

Бог е љубов и се радува и нè благословува кога работиме со љубов. Во времето на Исуса, Фарисеите не успеале во тоа да ја поседуваат љубовта во своите срца, кога го спроведувале законот во дела, па така од тоа и немале никаква корист. Тие им суделе и ги осудувале другите користејќи го знаењето од законите, па сето тоа само допринело да останат далеку од Бога и како резултат на тоа, да го распнат Синот Божји.

## Кога Ја Разбирате Вистинската Волја На Бога, Вплотена Во Законот

Дури и во времињата на Стариот Завет, постоеле некои големи татковци на верата, кои што ја разбирале вистинскта волја на Бога, искажана преку законот. Татковците на верата, вклучувајќи го тука Авраама, Јосифа, Мојсеја, Давида и Илија, не само дека го запазувале законот, туку исто така се обидувале најдобро што можат, да станат вистинските чеда Божји, преку вредното обрежување на своите срца.

Сепак, кога Исус бил испратен како Месија од страна на Бога за да им дозволи на Јудејците да дознаат за Бога на Авраама, Бога на Исака и Бога на Јакова, тие не биле во состојба да го препознаат. Сето тоа се должело на фактот што тие биле заслепени со рамките на традицијата на старите и со делата со коишто го запазувале законот.

За да посведочи дека Тој е Синот Божји, Исус изведувал некои величествени чудеса и прекрасни знаци, коишто биле можни да се изведат само преку силата на Бога. Но тие не можеле ниту да го препознаат Исуса или пак да го прифатат како својот Месија.

Но било навистина различно за оние Јудејци кои што биле со добри срца. Кога тие ги слушале Исусовите пораки, тие верувале во Него и кога ги гледале чудесните знаци коишто ги изведувал, тие верувале дека Бог бил со Него. Во 3тата глава од Евангелието по Јована, еден Фарисеј по името „Никодим" отишол кај Исуса една ноќ и му го кажал следното.

*Рави, знаеме дека си дојден од Бога како учител; зошто никој не би можел да ги изведува овие знаци што Ти ги правиш, ако Бог не е со него* (Јован 3:2).

## Богот На Љубовта Чека Да Дојде До Враќањето На Израелците

Зошто тогаш повеќето од Јудејците не успеале да го препознаат Исуса, кој што дошол на земјата како Спасителот? Тие си имале формирано рамки на законот според своите сопствени размисли, верувајќи дека го сакаат и му служат на Бога, па не сакале да ги прифатат нештата коишто се разликувале од тие нивни воспоставени рамки.

Сѐ додека не го сретнал Господа Исуса, Павле навистина цврсто верувал дека целосно го запазува законот и преданието на старите, служејќи му и сакајќи го Бога. Поради таа причина тој не го прифатил Исуса како спасителот, туку наместо тоа го прогонувал Него и Неговите следбеници. Откако го сретнал воскреснатиот Господ Исус на патот за Дамаск, дошло до кршење на неговите воспоставени рамки, па тој станал апостол на Господа, Исуса Христа. Од тој момент па натаму, тој дури бил спремен да го положи својот живот во името на Господа.

Оваа желба да се запази законот е едно внатрешно битие

на Јудејците и една силна страна на од Бога избраниот Израел. Затоа, штом ја сватат Божјата вистинска волја којашто е вплотена во законот, тие ќе бидат способни да го сакаат Бога повеќе од било кој друг народ или раса, и да му бидат верни на Бога, посветувајќи ги на тоа целите свои животи.

Кога Бог го повел народот на Израелот надвор од Египет, Тој преку Мојсеја му ги дал сите закони и заповеди, кажувајќи му што Тој навистина бара од него да прави. Тој им ветил дека ако го сакаат Бога, ако си ги обрежат своите срца и го живеат животот во согласност со Неговата волја, тогаш Тој секогаш ќе биде со нив, дарувајќи им неверојатни благослови.

*И кога од сето свое срце и од сета своја душа ќе се обрнеш и ќе го почитуваш ГОСПОДА твојот Бог во согласност со она што денеска ти го заповедам, правејќи го тоа и ти и синовите твои, тогаш ГОСПОД твојот Бог ќе те спаси од заробеништвото, ќе покаже сочувство кон тебе, собирајќи ги твоите луѓе од сите страни на коишто биле раштркани, од Него. Дури иако луѓето твои се расеани до сите краеви на земјата, од таму ќе ги собере ГОСПОД твојот Бог, и од таму ќе ги врати назад. ГОСПОД твојот Бог ќе те одведе во земјата којашто ја владееле твоите татковци, па и ти ќе ја владееш; и ќе ти направи да напрадуваш и да се умножиш уште повеќе од твоите татковци. И ќе го обреже ГОСПОД твојот Бог срцето твое и срцето на потомците твои, за да го сакаш ГОСПОДА твојот Бог со сето свое срце и со сета своја душа, за да можеш да живееш. ГОСПОД твојот Бог ќе ги фрли сите овие клетви врз непријателите твои и врз сите оние кои што те мразеа и кои што те прогонуваа. И ти повторно ќе му се покоруваш на ГОСПОДА и ќе ги запазиш сите Негови заповеди коишто денес ти ги заповедам* (Повторени Закони 30:2-8).

Како што Бог му имал ветено на Својот избран народ Израелот во овие стихови, Тој ги собрал Своите луѓе кои што биле раштркани насекаде низ светот и им дозволил повторно да ја превземат својата земја, после неколку илјади години и ги поставил над другите народи на земјата. Сепак, Израел не успеал да ја свати големата Божја љубов искажана преку Неговото распетие, ниту Неговото чудесно провидение за создавањето и култивирањето на човештвото, па и понатаму ги следи делата на запазувањето на законот и преданијата на старите.

Богот на љубовта искрено посакувал и ги чекал да ја напуштат својата искривена вера и да се сменат, станувајќи вистински чеда Божји, колку што е можно побргу. Како прво, тие морале да ги отворат своите умови и да го прифатат

Исуса, кој што бил испратен од страна на Бога во улога на Спасителот на човештвото, за да ја примат прошката за своите гревови. Како следно, требало да ја сватат вистинската волја на Бога којашто била предадена преку законот и да ја поседуваат вистинската вера, преку вредното запазување на Словото Божјо, обрежувајќи си ги срцата за да можат да го достигнат целосното спасение.

Јас искрено се молам Израелот повторно да го воспостави изгубениот лик на Бога, низ верата којашто му е угодна на Бога и луѓето на Израелот да станат вистински чеда Божји, за да можат да уживаат во благословите што Бог им ги ветил, живеејќи во славата на вечните Небеса.

Куполата на Карпата, Исламска Џамија лоцирана во изгубениот свет град Ерусалим

## Глава 4

# Гледај И Слушај!

# Кон Крајот На Времето На Светот

Библијата јасно ни објаснува и за почетокот на историјата на човештвото и за неговиот крај. Веќе неколку илјади години, преку Библијата Бог ни кажува за историјата на култивацијата на човештвото. Историјата започнува со првиот човек на земјата Адам, и ќе заврши со Второто Доаѓање на Господа во воздухот.

Гледајќи на часовникот на историјата на култивацијата на човештвото, кое ли е времето сега и уште колку денови или часови ни преостануваат до ѕвонењето за последните моменти на човечката култивација? Сега ајде да се задлабочиме во истражувањето како Богот на љубовта ја испланирал и поставил Својата волја за да ги поведе Израелците кон патот на спасението.

## Исполнувањето На Пророштвата Од Библијата Во Текот На Човечката Историја

Постојат многу пророштва во Библијата и сите тие се зборови на Семоќниот Бог Создателот. Како што е кажано во Исаија 55:11, *„Така и Моето Слово што излегува од устата Моја; нема да се врати кон Мене празно, без* *да го изврши она што сум го посакал, без да успее во нештото за коешто сум го пратил,"* Сѐ досега, Божјите зборови прецизно се имаат исполнето и секој Негов збор, во целост ќе биде исполнет и во иднина.

Историјата на Израелот очигледно потврдува дека пророштвата од Библијата се исполнуваат точно онака како што се запишани, без и најмала грешка. Историјата на Израелот се остварила токму онака како што биле запишани пророштвата во Библијата: Израелското 400 годишно ропство во Египет и Исходот; нивното влегување во земјата Ханаанска, каде што течеле медот и млекото; поделбата на нивното кралство на два дела – Израел и Јудеја и нивното уништување; Вавилонското заробеништво; Израелското враќање дома; раѓањето на Месијата, распнувањето на Месијата; уништувањето на Израелот и раштркувањето на народот низ сите нации и повторното воспоставување на Израелската нација и неговата независност.

Историјата на човештвото е под контролата на Семоќниот Бог и кога ѝ да заврши нешто што е важно, Тој претходно им кажува на Божјите луѓе, што треба да се случи (Амос 3:7). Бог му претскажал на Ноа, човекот кој што бил праведен и непорочен во тоа време, дека Големиот Потоп ќе го уништи светот. Тој му кажал на Авраама дека градовите Содом и Гомора ќе бидат уништени, а исто така им дозволил на Пророкот Даниил и на Апостолот Јован да видат и дознаат што ќе се случи на крајот на времето на овој свет.

Повеќето од овие пророштва коишто биле запишани

во Библијата, во целост и точно се имаат исполнето, а пророштвата коишто треба да се исполнат во иднина се Второто Доаѓање на Господа и неколкуте нешта коишто ќе му претходат на тој настан.

### Знаците За Крајот На Времето

Денеска се случува тоа, колку и сериозно да им објаснуваме на луѓето дека живееме во последните времиња, повеќето од нив не сакаат да поверуваат во тоа. Наместо да го прифатат тоа, тие помислуваат дека оние кои што зборуваат за крајот на времето се чудни и се обидуваат да ги избегнуваат, за да не ги слушаат. Тие си мислат дека сонцето и понатаму ќе продолжи да изгрева и да заоѓа, дека луѓето и понатаму ќе се раѓаат и ќе умираат, и дека цивилизацијата и понатаму ќе продолжи да егзистира исто како што тоа било во минатото.

Во Библијата е запишано ова, кое што се однесува на крајот на времето, *„Најнапред знајте го тоа дека во последните дни ќе се јават потсмевачи кои што ќе се потсмеваат и следејќи си ја својата сопствена похота ќе кажуваат, 'Каде е ветувањето за Неговото доаѓање? Затоа што, откако нашите татковци умреа, сè си продолжува како во почетокот на созданието на светот'"* (2 Петар 3:3-4).

Кога ќе се роди човек, постои и некое време кое што е одредено за негова умирачка исто така. На истиот начин и човечката историја си има свој почеток и крај. Кога ќе дојде времето што е одредено од Бога, сите нешта на овој свет ќе дојдат до својот крај.

*И во тоа време ќе се крене Михаил, големиот принц којшто ќе ги брани синовите на твојот народ. И ќе настане време тешко, какво што не било уште од почетокот на нацијата па сé до тогаш; и во тоа време твоите луѓе, оние кои што ќе бидат запишани во книгата, ќе бидат спасени. Ќе се разбудат многу од оние кои што спијат во земниот прав, едни за живот вечен, а други за срам и вечен презир. Оние кои што се разумни, ќе сјаат како сјајот на пространството на Небесата, а оние кои што повеле многумина кон праведноста, ќе сјаат како ѕвездите засекогаш. А ти Даниле, сокриј ги овие зборови и запечати ја книгата сé до крајот на времето; многумина ќе одат напред, назад а знаењето ќе се зголеми (Даниил 12:1-4).*

Преку Пророкот Даниил, Бог пророкувал што ќе се случи на крајот од времињата. Некои луѓе кажуваат дека пророштвата дадени преку Даниила веќе се имаат исполнето во минатата историја, но ова пророштво ќе биде исполнето во целост во последниот момент на историјата на човештвото. Тие се во целост конзистентни со знаците од последните денови на светот, запишани во Новиот Завет.

Ова пророштво на Даниила е поврзано со Второто Доаѓање на Господа. Стихот 1 кажува, „*И ќе настане време тешко, какво што не било уште од почетокот на нацијата па сé до тогаш; и во тоа време твоите луѓе, оние кои што ќе бидат запишани во книгата, ќе бидат спасени,*" ни објаснува за Седумгодишните Големи Страдања што ќе се случат на крајот од светот и за собирањето на спасението.

Вториот дел од Стихот 4, кажува, „*Многумина ќе одат напред, назад а знаењето ќе се зголеми,*" ни ги објаснува нашите секојдневни животи во денешницата, која што луѓето ја живеат денеска. Конечно, овие Данииловите пророштва не се однесуваат на уништувањето на Израелот, коешто се случило во годината 70 Н.Е. туку на знаците кои што ќе се случат на крајот од времето.

Исус во детали им кажувал на Своите ученици за знаците кои што ќе му претходат на крајот на времето. Во Матеј 24:6-7, 11-12, Тој кажува, „*Ќе слушнете за војни и гласови за војни. Ќе се дигне народ против народ и кралство против кралство, а на места ќе има глад и потреси. Многу лажни пророци ќе се појават и мнозина ќе измамат. Поради тоа што беззаконијата ќе се умножат, кај мнозина љубовта ќе олади.*"

Каква е ситуацијта во светот денеска? Слушаме новости за војни и гласови за војни, а и тероризмот секојдневно се зголемува. Народите војуваат едни против други, а и кралствата се подигаат едни против други. Има многу глад и земјотреси. Се случуваат и многу други природни катастрофи и несреќи предизвикани од невообичаените временски прилики. Понатаму, беззаконието почнува да преовладува насекаде на светот, гревовите и злото беснеат низ светот, а љубовта кај луѓето станува сѐ постудена.

Истото е запишано и во Второто Послание на Светиот Апостол Павле до Тимотеја.

*Но знај го ова, дека во последните денови ќе настанат времиња тешки. Зашто луѓето ќе станат саможиви, среброљупци, самофалбаџии, арогантни, клеветници, напокорни кон родителите, неблагодарни, нечестиви, без љубов, непомирливи, злонамерни озборувачи, без самоконтрола, брутални, мразачи на доброто, предавници, несовесни, вообразени, сластољубиви наместо богољубиви, на изглед побожни, иако од силата на Бога ќе се одречат; Избегнувајте ги ваквите луѓе* (2 Тимотеј 3:1-5).

Денешните луѓе не сакаат добри нешта, туку ги љубат парите и задоволствата. Во потрагата за сопствената корист тие извршуваат ужасни гревови и зло, вклучувајќи ги тука убиствата и подметунвањето на пожари, без и најмало колебање или грижа на совеста. Овие нешта се случуваат толку многу често и во толку голем број, што срцата на луѓето стануваат сѐ поотрпнати, до тој степен да веќе ништо не може да ги изненади. Гледајќи ги сите овие нешта, не можеме да одрекнуваме дека текот на човечката историја навистина оди кон крајот на светот и времето.

Дури и самата историја на Израелот ни ги наговестува знаците на Второто Доаѓање на Господа и на крајот на светот и на времето.

Матеј 24:32-33 кажува, „*Научете ја сега параболата за дрвото на смоквата: кога ќе се подмладат гранките негови и ќе пуштат лисја, знаете дека се наближува летото; Па исто така, кога ќе ги видите сите овие нешта, знајте дека Тој е блиску, токму пред вратата.*"

„Дрвото на смоквата" тука се однесува на Израелот. Дрвото изгледа мртво за време на зимата, но штом ќе дојде пролетта, повторно ги пушта изданоците, па гранките повторно му растат, пуштајќи лисја на нив. Слично на ова, од уништувањето на Израелот кое што се случило во годината 70 од Н.Е., Израелот изгледал како да целосно исчезнал во текот на две илјади години, но штом дошло времето одредено од Бога, тој повторно ја прогласил својата независност, така што државата Израел била прогласена на

14-ти мај 1948 година.

Она што е поважно е фактот дека независноста на Израелот го наговестува Второто Доаѓање на Господа Исуса Христа, коешто е навистина блиску. Затоа Израелот мора да свати дека Месијата, кого сеуште го очекуваат, веќе има дојдено на земјата станувајќи Спасителот на човештвото уште пред 2,000 години и да запамети дека Спасителот Исус ќе дојде на земјата како Судија, порано или подоцна.

Кога ли ќе ни се случи ова, нам кои што живееме во последните денови, согласно со прорштвото запишано во Библијата?

### Доаѓањето На Господа Во Воздухот И Грабнувањето

Пред околу 2,000 години Исус бил распнат и воскреснал на третиот ден од погребувањето, кршејќи ја силата на смртта, а подоцна бил земен на Небесата и бил виден од голем бој на луѓе кои што присуствувале на тој настан.

*Луѓе од Галилеја, зошто стоите и гледате во небото? Овој Исус, кој што беше земен и вознесен на Небесата, повторно ќе дојде на истиот начин, на којшто го видовте дека оди на Небесата* (Дела 1:11).

Господ Исус ја отворил портата за спасението на

човештвото преку Неговото распнување и воскресение, а потоа се воздигнал на Небесата и седнал на десната страна од престолот на Бога, припремајќи ги небесните живеалишта за оние кои што ќе бидат спасени. Кога ќе заврши историјата на човештвото, Тој повторно ќе дојде, за да поведе со Него. Неговото Второ Доаѓање е многу добро опишано во 1 Солунјаните 4:16-17.

> *Затоа што Самиот Господ ќе слезе од Небесата со извик, со гласот на архангелот и со трубата на Бога, и мртвите во Христа повторно ќе се дигнат. Потоа ние кои што сме останале живи ќе бидеме грабнати и заедно со нив подигнати во облаците, за да се сретнеме со Господа во облаците, и за да бидеме засекогаш заедно со Господа.*

Каква ли величествена сцена има да биде таа, кога Господ ќе се врати во воздухот, во облаците на славата, извршено преку безбројните ангели и небесни домаќини! Оние кои што биле спасени ќе ги облечат неуништливите духовни тела и ќе се сретнат со Господа во воздухот, па потоа заедно со Него ќе слават во Седумгодишниот Свадбен Банкет, со вечниот младоженец.

Оние кои што биле спасени ќе бидат подигнати во воздухот и ќе се сретнат со Господа и тој чин се нарекува „Грабнување." Кралството на воздухот се однесува на делот од вторите Небеса, којшто Бог го припремил за Седумгодишниот Свадбен Банкет.

Бог го поделил духовниот свет на неколку простори, а вторите Небеса претставуваат еден од нив. Вторите небеса се поделени на две области – на Едам, кој што е светот на светлината и на светот на темнината. Во делот на светот на светлината се наоѓа едно специјално место коешто е припремено за Седумгодишниот Свадбен Банкет.

Луѓето кои што се имаат покриено себеси со верата за да го достигнат спасението во овој свет полн со гревови и зло, ќе бидат грабнати во воздухот, како невестите на Господа, па потоа ќе го сретнат Господа и заедно со Него ќе уживаат во Седумгодишната Свадбена Гозба.

> *Да се радуваме и да бидеме весели и да му ја оддаваме славата, заради тоа што дојде времето за свадбата на Агнецот и Неговата невеста се припреми. И ѝ се даде да се облече во убав висон, сјаен и чист; бидејќи убавиот висон е праведното дело на светците. Тогаш ми рече, 'Пишувај, „Благословени се оние кои што се поканети на свадбената вечера на Агнецот."' А ми го рече уште и ова, Ова се вистинските зборови на Бога* (Откровение 19:7-9).

Оние кои што ќе бидат подигнати во воздухот, ќе бидат

утешени заради тоа што успеале да го надминат светот со верата, за време на Седумгодишниот Свадбен Банкет заедно со Господа, додека оние кои што нема да бидат подигнати ќе страдаат од неопишливи страдања во неволјите нанесени од страна на злите духови, кои што ќе бидат истерани на земјата за време на Второто Доаѓање на Господа во воздухот.

### Седумте Години На Големите Страдања

Додека оние кои што биле спасени ќе уживаат во Седумгодишниот Свадбен Банкет во воздухот и ќе сонуваат за среќата на вечните Небеса, најжестоките неволји, неспоредливи со било кои во историјата на човештвото ќе ја покријат целата земја и ќе се случуваат најужасните нешта.

Како ќе започнат Седумгодишните Големи Страдања? Бидејќи нашиот Господ ќе се врати во воздухот и бидејќи голем број на луѓе ќе бидат грабнати во воздухот исто така, оние кои што ќе останат на земјата ќе бидат погодени од напливот на шок и паника, гледајќи како наеднаш исчезнуваат некои членови на нивните семејства, пријателите и соседите и ќе талкаат наоколу барајќи каде би можеле да бидат.

Набргу ќе сватат дека Грабнувањето на Христијаните всушност навистина се случило. Ќе бидат во ужас при самата помисла на Седумгодишните Големи Страдања, кои што треба да им се случат. Тие ќе бидат обземени со огромното чувство на вознемиреност и паника. Тогаш кога голем број на возачи на авиони, бродови, возови, коли и други некои возила ќе бидат подигнати и грабнати во воздухот и на Небесата, ќе се случат голем број на сообраќајни несреќи, ќе се рушат голем број на згради и светот ќе биде исполнет со хаос и големи безредија.

Во ова време ќе се јави една личност која што ќе донесе мир и ред во светот. Тоа ќе биде владетелот на Европската Унија. Тој ќе ги соедини силите на политиката, економијата и на воената организација и со таа соединета сила ќе му донесе ред и мир на свет и стабилизација на општествата. Затоа мноштво луѓе ќе се радува на неговата појава на светската сцена. Многумина со ентузијазам ќе му пожелат добредојде, ќе му пружат лојална поддршка и активно ќе учествуваат пружајќи му ја својата помош.

Тоа всушност ќе биде антихристот, кој што се споменува во Библијата и кој што ќе ги предводи Седумгодишните Големи Страдања, но подолг период ќе се претставува како „гласникот на мирот." Во реалноста антихристот ќе им донесе мир и ред на луѓето во раните стадиуми на Седумгодишните Големи Страдања. Алатката која што ќе ја употреби за да го постигне светскиот мир е белегот на ѕверот, бројот '666' како што е запишано во Библијата.

*И ќе направи на сите, големи и мали, богати и сиромашни, слободни и робови, да им се стави белег на десната рака или на челото нивно, та никој да не може да продава ниту да купува, освен оние што го имаат тој белег, името на ѕверот или бројот на ѕверот, бројот на името негово. Тука лежи мудроста. Кој има ум нека го пресмета бројот на ѕверот, затоа што тоа е број на човекот; и бројот му е шестотини шеесет и шест* (Откровение 13:16-18).

### Кој Е Бројот На Ѕверот?

Зборот ѕверот всушност се однесува на компјутерот. Европската Унија (ЕУ) ќе ја постави својата организација употребувајќи ги компјутерите. Преку компјутерите на ЕУ на секоја личност ќе ѝ се даде баркод, кој што ќе биде сместен на десната рака или на челото од индивидуата. Тој баркод е всушност белегот на ѕверот. Сите лични информации за секоја личност ќе бидат ставени на тој баркод и тој баркод ќе биде ставен во неговото/нејзиното тело. Преку овој баркод којшто ќе биде ставен во нивните тела, компјутерот од ЕУ ќе може да врши надзор, да надгледува, врши увид, преглед и контрола на секого, во секој и најмал детал, без разлика каде и да се наоѓа таа личност или што и да работи..

Нашите современи кредитни картички и лични карти ќе бидат заменети со белегот на ѕверот, „666." Тогаш на луѓето нема веќе да им треба ниту готовина ниту чекови. Тие веќе нема да мораат да се грижат за губењето на своите имоти, ниту дека ќе можат да бидат ограбени. Овој атрибут ќе направи белегот на ѕверот „666" да се рашири низ целиот свет, за многу кратко време, а без тој белег, никој нема да може да биде идентификуван, што значи дека нема да може ниту да купува, ниту да продава било што.

На почетокот од Седумгодишните Големи Страдања луѓето ќе го примат белегот на ѕверот, но нема да бидат присилувани да го примат. Само ќе им биде сугерирано и препорачувано да го направат тоа, сé додека организацијата на ЕУ цврсто не се воспостави. Како што ќе заврши првата половина на Седумгодишните Големи Страдања и организацијата ќе стане стабилна, тогаш ЕУ ќе почне со присилувањето на секого да го прими белегот на ѕверот, не проштевајќи им на оние кои што ќе одбијат да го примат. Значи ЕУ ќе ги пороби луѓето преку тој белег на ѕверот и ќе ги води како што ќе посака.

На крајот повеќето од луѓето кои што ќе останат за време на Седумгодишните Големи Страдања ќе бидат заробени и ќе паднат под контролата на антихристот и на власта на ѕверот. Бидејќи антихристот ќе биде контролиран од страна на непријателот ѓаволот, ЕУ ќе направи луѓето да му се спротивстават на Бога и ќе ги поведе по патеката на злото, неправдата, гревот и уништувањето.

Но некои од луѓето нема да се предадат на власта на антихристот. Тоа ќе бидат оние кои што верувале во Исуса

Христа, но не успеале да бидат подигнати во Небесата за време на Второто Даѓање на Господа, бидејќи во себе ја немале вистинската вера.

Некои од нив откако го прифатиле Господа, живееле во милоста Божја, но подоцна ја изгубиле благодетта и му се вратиле на светот, додека некои ја исповедале својата вера во Христа и присуствувале на службите во црквата, но го живееле животот на уживањата бидејќи не успеале да се здобијат со духовната вера. Ќе има некои кои што тукушто го прифатиле Господа Исуса Христа и некои Евреи кои што се разбудиле од духовната дремка за време на Грабнувањето и подигањето.

Кога ќе посведочат на вистинитоста на Грабнувањето, тие ќе сватат дека сите зборови коишто се запишани во Стариот и Новиот Завет се вистинити, и ќе тагуваат удирајќи по земјата. Ќе бидат обземени со голем страв, ќе се покајуваат за тоа што не живееле според волјата на Бога и ќе се обидуваат да најдат начин за да го примат спасението.

> *Тогаш друг ангел, трет по ред, ќе наиде зборувајќи со силен глас, „Ако некој го обожува ѕверот и неговиот лик, и ако го прими белегот на своето чело или рака, тој ќе пие од виното на гневот Божји, измешано со сета сила во чашата на Неговата лутина; и ќе биде измачуван со огнот и сулфурот во присуство на светите ангели и на Агнецот. И димот на нивното*

*страдање ќе се издига во вечноста; нема да имаат мир ниту дење ниту ноќе, оние кои што му се поклонуваат на ѕверот и на неговиот лик, и оние кои што ќе го примат белегот на неговото име." Тоа е издржливоста на светиите кои што ги запазуваат заповедите Божји и нивната вера во Исуса* (Откровение 14:9-12).

Ако некој го прими белегот на ѕверот, тогаш тој ќе биде присилен да стане покорен кон антихристот, кој што му се спротиставува на Бога. Затоа Библијата става акцент на тоа дека оној на кого што ќе му биде даден белегот на ѕверот, нема да може да го достигне спасението. За време на Големите Страдања оние кои што го знаат овој факт ќе настојуваат да не го примат белегот на ѕверот, за да покажат доказ дека ја поседуваат верата.

Идентитетот на антихристот ќе биде јасно откриен. Тој ќе ги категоризира како нечисти елементи на општеството оние луѓе кои што ќе й се спротивстават на неговата политика и ќе одбијат да го примат белегот, чистејќи ги од општеството заради тоа што го прекршиле социјалниот мир. И ќе ги натера да се одречат од Исуса Христа и да го примат белегот на ѕверот. Ако покажат спротивставување тогаш над нив ќе бидат извршувани сурови прогонувања, по што ќе следи нивното маченштво.

## Спасението Преку Мачеништвото Заради Не Примањето На Белегот на Ѕверот

Измачувањата коишто ќе ги добиваат оние кои што ќе му се опираат на примањето на белегот на ѕверот, за време на Седумгодишните Големи Страдања ќе бидат навистина незамисливо сурови. Измачувањата ќе бидат толку многу угнетувачки да се издржат, така што ќе се најде само еден мал број на луѓе кои што ќе можат да ги надминат и да ја искористат последната можност за спасение. Некои од нив ќе кажуваат, „Нема да ја напуштам мојата вера во Господа. Сеуште од сесрце верувам во Него. Измачувањата се толку надвладувачки да јас само со устата ќе се одрекнам од Господа. Бог ќе ме сфати и ќе ме спаси" и потоа ќе го примат знакот на ѕверот. Но спасението нема да им биде дадено.

Пред неколку години додека се молев, Бог во една визија ми покажа како ќе страдаат оние кои што ќе бидат останати на земјата за време на Големите Страдања и ќе се опираат на примањето на белегот на ѕверот. Тоа беше една многу ужасна сцена! Измачувачите им ја симнуваа кожата, им ги кршеа зглобовите на парчиња, им ги сечеа прстите, рацете и нозете и им истураа зовриено масло врз нивните тела.

За време на Втората Светска Војна, се случило едно ужасно измачување и колеж врз луѓето, каде што измачувачите изведувале медицински експерименти врз живи луѓе. Овие измачувања не можат ниту да се споредат со измачувањата коишто ќе ги примат луѓето за време на Седумгодишните Големи Страдања. По Подигнувањето во воздухот, Грабнувањето, со светот ќе владее антихристот, којшто е едно исто со непријателот ѓаволот и нема да покаже милост или сочувство кон ниту еден човек.

Непријателот ѓаволот и силите на антихристот, на секој начин ќе ги наговараат луѓето да се одрекнат од Исуса, за да можат да ги постават на патот кон пеколот. Тие ќе ги измачуваат верниците, но нема веднаш да ги убиваат, туку ќе употребуваат многу вешти методи на измачување, преку некои сурови начини. Сите видови на методи на измачување и најновите направи за измачување, кај верниците ќе предизвикаат невидена паника и болка. Луѓето ќе се молат за престанок на овие сурови нешта, но тоа само ќе доведе до продолжувањето на измачувањата.

Измачуваните луѓе ќе посакуваат да бидат што поскоро убиени, но нема да можат да умрат, бидејќи антихристот знае дека со бавното убивање може да ги наведе на самоубиство, кое што никогаш нема да ги поведе кон спасението.

Во визијата којашто ми ја покажа Бог, видов дека повеќето од овие луѓе не успеаа да ги издржат болките и измачувањата и му се потчинија на анти-Христот. Едни од нив, едно одредено време ги издржуваат и надминуваа измачувањата со својата силна волја, но кога ги видоа и своите сакани деца и родители како исто така се подложени на страшни измачувања, тие тогаш се предаваа и престанувaa да се опираат, предавајќи му се на антихристот и примајќи го белегот на ѕверот.

Само мал број од тие измачувани луѓе, кои што имаат праведни и вистинити срца, ќе можат да ги надминат тие ужасни измачувања и препредените искушенија нанесени од страна на антихристот и ќе умрат со маченичка смрт. Затоа оние кои што ќе ја запазат својата вера, поминувајќи низ мачеништвото за време на Големите Страдања, ќе можат да присуствуваат на парадата на спасението.

### Начинот На Добивање Спасение Низ Престојните Измачувања

Кога избила Втората Светска Војна, Евреите, кои што живееле еден мирен живот во државата Германија, не можеле ниту да претпостават дека ги очекуваат ужасни масакри и колежи коишто ќе им се нанесат на 6 милиони нивни земјаци. Никој не знаел, ниту можел да претпостави дека Германија, државата којашто им обезбедувала мир и релативна стабилност во животот, наеднаш ќе се смени во една таква злобна сила, во текот на толку краток временски период.

Во тоа време, не знаејќи што ќе се случи, Евреите биле беспомошни и не можеле ништо да направат за да ги избегнат овие големи страдања. Бог посакува Неговиот избран народ да биде во можност да ги избегне претстојните несреќи коишто треба да се случат во иднина. Затоа Бог, во

Библијата до најситни детали го опишал крајот на светот, за да преку Неговите луѓе, го предупреди народот на Израелот за претстојните страдања и да ги разбуди од нивната дремка.

Најважното нешто коешто треба да го дознае Израелот е фактот дека несреќата на Страдањата е нешто што не може да биде избегнато, па наместо да ги избегне, ќе се најде во нивниот центар. Јас сакам да ви укажам, за да сватите дека овие страдања ќе се случат набргу и дека како крадец ќе ви се прикрадат, ако вие не се припремите за нив. За да ги избегнете овие страдања, вие ќе морате да се разбудите од духовниот дремеж во којшто сте западнале.

Времето за будењето на Израелот е токму сега! Народот на Израелот мора да се покае затоа што не успеал да го препознае Месијата и да го прифати Исуса Христа за Спасителот на човештвото, и да ја поседува вистинската вера којашто Бог посакува тие да ја имаат, за да можат да бидат радосно подигнати и грабнати во воздухот, кога Господ повторно ќе се врати.

Ве повикувам постојано да имате на ум дека антихристот ќе се појави пред вас како гласник на мирот, исто како што Германија го има направено тоа за време на Втората Светска Војна. Тој ќе понуди мир и утеха, но потоа многу бргу и тотално неочекувано, антихристот ќе стане една голема сила, којашто ќе расте во тоа време, носејќи им на луѓето страдања и несреќи коишто не можат ниту да се замислат.

# Десетте Ножни Прсти

Библијата поседува многу пасуси кои што зборуваат за нештата кои што треба да се случат во иднина. На пример ако погледнеме во пророштвата запишани во книгите од Стариот Завет, ќе можеме однапред да видиме, не само за иднината на Израелот, туку исто така и за иднината на целиот свет. Што мислите дека е причината за сето тоа? Затоа што Божјите избрани луѓе на Израелот биле и ќе бидат, во центарот на човечката историја.

## Големата Статуа Запишана Во Пророштвото На Даниил

Книгата на Даниил пророкува не само за иднината на Израелот, туку исто така и за она што ќе стане со светот во последните денови, во соодност со крајот на Израелот. Во книгата на Даниил 2:31-33, Даниил го толкува сонот на Кралот Навуходоносор, преку инспирацијата дадена од Бога, а толкувањето се однесува на пророштвото за нештата коишто ќе се случат на крајот од времето и светот.

*Ти, О кралу, бараше и види, таму беше*

*една голема статуа; таа статуа со голем и неверојатен сјај, стоеше пред тебе, а нејзината појава беше прекрасна. Главата на статуата беше направена од чисто злато, градите и рацете од сребро, стомакот и бедрата од бронза, нозете од железо, а стапалата делумно од железо и делумно од глина* (Даниил 2:31-33).

На што се однесува ова пророштво, врзано со ситуацијата во светот, за време на последните денови?

„Една голема статуа" којашто ја видел Кралот Навуходоносор во својот сон, не е никој друг, освен Европската Унија. Денеска светот е контролиран од две сили – Соединетите Американски Држави и Европската Унија. Се разбира дека не смее да се игнорира ниту влијанието на Русија и на Кина. Но Соединетите Американски Држави и Европската Унија и понатаму ќе претставуваат највлијателни сили во светот, во сферите на економијата и на воената сила.

Во моментот, ЕУ изгледа дека е нешто ослабната, но таа сé повеќе и повеќе ќе се шири. Денеска никој не се сомнева во овој факт. Сé досега САД беше исклучително доминантна нација во светот, но малку по малку ЕУ ќе станува сé подоминантна и ќе го надмине влијанието на САД.

Пред само неколку децении, никој не можеше ниту да претпостави дека земјите од Европа ќе бидат во состојба да се соединат во еден систем на владеење. Се разбира, земјите од Европа веќе подолго време имаа дискутирано за Европската Унија, но никој не можеше да биде уверен дека тие ќе успеат во надминувањето на бариерите на националниот иднетитет, јазик, парични единици и многуте други бариери коишто порано постоеја, за да може да се формира ова унифицирано тело..

Но почнувајќи во доцните 1980-ти години, водачите на Европските земји почнале сериозно да дискутираат за ова нешто, едноставно затоа што тоа ги засегало нивните економски грижи. За време на периодот од Студената Војна, главната сила со којашто можело да се доминира во светот беше воената сила, но кога се наближил крајот на Студената Војна, главната сила на доминацијата се префрлила од воената кон економската сила.

За да се припремат за ова, државите од Европа се обидувале да се соединат и како резултат на тоа, тие станале една држава соедината во економска унија. Сега, едно нешто коешто останало да се слýчи, било и политичката унификација, правејќи земјите да бидат заедно под еден систем на владеење, а ситуацијата денеска поттикнува на вакво нешто.

*„Таа статуа со голем и неверојатен сјај, стоеше пред тебе, а [чијашто] нејзината појава беше прекрасна,"* за која што се зборува во Даниил 2:31, пророкува за растот и дејствијата на Европската Унија. Тоа ни кажува колку силна и снажна ќе стане Европската Унија.

## ЕУ Ќе Поседува Голема Сила

Како ЕУ ќе поседува толку голема сила? Даниил 2:32 понатаму ни дава одговор за ова, објаснувајќи ни од што се направени главата, градите, рацете, стомакот, бедрата, нозете и стапалата на статуата.

Најпрво од сé, Стихот 32 ни кажува, *„Главата на статуата беше направена од чисто злато."* Овие пророштва дека ЕУ економски ќе напредува, и дека низ економската сила и натрупаното богатство ќе владее со светот. Како што е тука проречено, ЕУ ќе има голема корист и ќе големи придобивки низ ова економско соединување.

Како следно, истиот стих ни кажува, „градите и рацете [беа направени] од сребро." Тоа симболизира дека ЕУ ќе изгледа како да е социјално, културно и политички соединета. Кога еден претседател ќе биде избран за да ја претставува ЕУ, тогаш надворешно ќе изгледа дека политичкото соединување ќе биде успешно извршено и дека во целост ќе биде извршено социјалното и културното соединување, исто така. Но поради ова некомплетно унифицирање, секоја од членките ќе си го бара својот сопствен економски бенефит.

Како следно таму е кажано, „стомакот и бедрата [беа направени] од бронза." Ова симболизира дека ЕУ ќе го постигне и своето воено соединување. Сите земји на ЕУ сакаат да поседуваат економска сила. Ова воено соединување ќе биде фундаментално за намерата да се постигне економската корист, којашто е крајната цел на сето ова. За да може да се постигне соединувањето коешто ќе доведе до преземањето на силата преку којашто ќе се котролира економската сила, земјите нема да имаат избор освен да се соединат и социјално, културно, политички и воено исто така.

На крајот е кажано, „нозете од железо." Ова се однесува на другата силна фондација којашто ќе ја зајакне поддршката на ЕУ низ религиозното соединување. Во таа рана фаза, ЕУ ќе прогласи дека Католицизмот ќе биде негова државна религија. Католицизмот ќе ја достигне силата и ќе стане механизам за поддршка за јакнењето и одржувањето на ЕУ.

### Духовното Значење На Десетте Ножни Прсти

Кога ЕУ ќе успее во унифицирањето на многуте земји во економската, политичката, социјалната, културната, воената и религиозната сфера на влијание, во почетоткот ќе почне да парадира и да се фали со своето соединување и сила, но малку по малку ќе почнат да ги искусуваат знаците на раздорот и распаѓањето.

Во раната фаза од ЕУ, земјите од ЕУ ќе се соединат поради тоа што ќе дадат концесии помеѓу себе, кои што ќе водат кон заедничкиот економски бенефит. Но како што поминува времето, така ќе растат и раздорите и разликите на социјален, културен, политички и идеолошки план. Тогаш ќе се појават различните знаци на разделување. На крајот ќе се покажат религиозните конфликти – конфликтите помеѓу Католиците И Протестантите.

Даниил 2:33 кажува, „...а стапалата делумно од железо и делумно од глина." Тоа значи дека некои од десетте ножни прсти се направени од железо, а некои од глина. Десетте ножни прсти не се однесуваат на „10-те земји во ЕУ." Ова се однесува на „Петте репрезентативни земји коишто веруваат во Католицизмот и петте репрезентативни земји коишто веруваат во Протестанството."

Исто како што железото и глината не можат да се комбинираат и мешаат, исто така и земјите во кои што е доминантен Католицизмот и оние во кои што е доминантен Протестантизмот, не можат во целост да се соединат, што означува дека оние кои што се доминантни и оние над кои што се доминира, не можат да се мешаат.

Како ште ќе се зголемуваат знаците на раздорот во ЕУ, земјите ќе почувствуваат сé поголема потреба да се соединат во религијата и Католицизмот ќе се здобие со сé поголема сила во многу места.

Затоа, заради економскиот бенефит, ќе биде формирана Европската Унија, во последните денови на светот и ќе прерасне во една огромна економска сила. Подоцна ЕУ ќе изврши соединување и на религиозен план, прифаќајќи го

Католицизмот како државна религија, преку што силата на ЕУ ќе стане сѐ поголема и поголема, да на крајот ЕУ истапи како еден вид на идол.

Идолите се објекти коишто треба да бидат обожувани, и кон кои луѓето треба да покажат стравопочит. Во оваа смисла, ЕУ ќе го поведе светскиот ток со една таква голема сила и власт над светот, исто како да е еден силен идол.

## Третата Светска Војна И Европската Унија

Како што е горе наведено, кога Господ ќе се врати во воздухот, кога ќе биде крајот на светот и времето, тогаш безброј верници во ист момент ќе бидат подигнати и грабнати во воздухот, и тогаш ќе се случи огромен хаос по светот. Во меѓувреме, силата на ЕУ ќе го превземе водечкото место во светот и во името на одржувањето на мирот и редот во целиот свет, во текот на еден краток временски период, но подоцна ЕУ ќе му се спротистави на Господа и ќе претставува вовед во Седумгодишните Големи Страдања.

Подоцна, членовите на ЕУ ќе се поделат, поради тиа што ќе си ја гледаат само својата сопствена корист. Тоа ќе се случи среде Седумгодишните Големи Страдања. Почетокот на овие Седумгодишни Големи Страдања, како што е проречено во 12тата Глава од Книгата на Даниил, ќе се случат во согласност со текот на историјата на Израелот и историјата на овој свет.

Штом ќе започнат Седумгодишните Големи Страдања, ЕУ

секојденвно ќе се здобива со огромна сила и јачина. Земјите од ЕУ ќе изберат еден единствен претседател на Унијата. Сето тоа ќе се случи веднаш по грабнувањето во воздухот на оние кои што го имале прифатено Исуса Христа како свој Спасител и го примиле правото да станат чеда Божји, моментално трансформирани и подигнати на Небесата, за време на Второто Доаѓање на Господа, кое што ќе биде во воздухот.

Повеќето од Евреите кои што го немале прифатено Исуса како Спасител, ќе останат на земјата и ќе ги искусат Седумгодишните Големи Страдања. Мизеријата и ужасот на Седумгодишните Големи Страдања ќе бидат толку страшни и огромни што е нешто над можноста за опишување. Земјата ќе биде полна со нешта коишто го кршат срцето во човека, како што се војните, убиствата, егзекуциите, гладта, несреќите и катастрофите, кои што ќе бидат толку екстремни, бидејќи такво нешто никогаш пред тоа се нема случено во светот.

Почетокот на Седумгодишните Големи Страдања ќе биде означен со Израелот, преку војната којашто ќе избие помеѓу Израелот и Блискиот Исток. Прекумерните тензии веќе подолго време траат помеѓу Израелот и остатокот од нациите на Блискиот Исток, а споровите околу границите никогаш не престанале. Во иднина овој спор ќе стане сé поизразен. Една сурова војна ќе избие, затоа што светските сили ќе се замешаат во ова, поради интересот за нафтата. Тие ќе се караат помеѓу себе за добивањето на поголемата власт и надмоќта во меѓународните односи.

Соединетите Американски Држави кои што секогаш биле традиционален сојузник на Израелот, ќе го поддржат во оваа војна. Европската Унија, Кина и Русија, кои што ќе бидат против САД, ќе станат сојузници на земјите од Блискиот Исток и тогаш ќе избие Третата Светска Војна, помеѓу овие држави.

Третата Светска Војна ќе биде во целост различна од Втората Светска Војна, во смисол на својот обем. Во Втората Светска Војна повеќе од 50 милиони луѓе биле убиени, како резултат на воените дејствија коишто се одиграле во неа. Силата на модерното наоружување која што денеска постои во светот, вклучувајќи ги тука нуклеарните бомби, хемиското и биолошкото оружје и некои други новооткриени оружја, не можат ниту да се споредат со оние кои што биле употребени за време на Втората Светска Војна, па така и резултатот од нивната употреба ќе биде многу застрашувачки и ужасен.

Сите врсти на оружја, вклучувајќи ги тука и нуклеарните бомби и различните новооткриени оружја, ќе бидат безмилосно употребени, па така уништувањето и колежот ќе бидат нешто незамиливо да се опише. Земјите коишто ја имаат започнато војната ќе бидат во целост уништени и осиромашени. Тоа нема да биде крај на војната. Нуклеарните експлозии ќе бидат пропратени со радиоактивност и радиоактивно загадување, сериозно изменување на климата и некои катастрофи, коишто ќе се појават насекаде по земјината топка. Како резултат на сето тоа, целата земјина топка, како и земјите што ја започнаа војната, ќе бидат како во пеколот на земјата

На средината од овие настани, тие ќе престанат со употребата на нуклеарното вооружување, бидејќи ако и понатаму биде употребувано, тоа би можело ѝ се закани на самата човекова раса во целост. Но затоа ќе бидат употребени сите други врсти на оружја. САД, Кина и Русија, нема да можат да се опорават од оваа војна.

Повеќето од земјите во светот ќе бидат доведени до самиот колапс, но ЕУ ќе го избегне уништувачкиот бран. ЕУ ќе им вети помош на Кина и на Русија, но за време на војната Еу нема активно да учествува во борбите, за да не се соочи со големите загуби, како што ќе биде во другите земји.

Кога повеќето од светските сили, вклучувајќи ги тука и САД, ќе ги почуствуваат големите загуби и ќе ја загубат силата во виорот на војните настани без преседан, ЕУ ќе остане како единствениот најсилен сојуз на народите и ќе завладее над светот. На почетокот ЕУ едноставно ќе го набљудува напредокот на војната и кога другите народи ќе бидат во целост уништени економски и воено, тогаш ЕУ ќе истапи и ќе почне да им ги решава проблемите од војната. Поради фактот што веќе нема да имаат никаква сила, другите земји ќе бидат приморани да ги следат одлуките на ЕУ.

Од тој момент па натаму, ќе започне вториот дел од

Седумгодишните Големи Страдања, и во текот на следните три и пол години, антихристот, кој што ќе биде владетелот на ЕУ, ќе го контролира целиот свет и ќе се канонизира себеси. Потоа антихристот ќе почне со прогонот и измачувањето на оние луѓе кои што ќе се осмелат да му се спротистават.

### Вистинската Природа На Антихристот Ќе Биде Откриена

Во раните стадиуми на Третата Светска Војна, неколку земји ќе претрпат многу големи загуби од војната, а ЕУ ќе им вети економска поддршка, преку Кина и на Русија. Израел ќе биде жртвуван како централниот фокус на војната и во тоа време, ЕУ ќе вети дека ќе го изгради светиот храм Божји, за којшто толку многу копнееле Израелците. Со оваа политика на попуштање од страна на ЕУ, Израел ќе почне да сонува за враќањето и оживувањето на силата којашто ја уживале додека биле под благословот на Бога, пред многу време. Како резултат на сето тоа, Израел исто така ќе стане сојузник на ЕУ.

Поради поддршката дадена на Израел, Претседателот на ЕУ ќе биде сметан за спасителот на Евреите. Продолжените воени дејствија на Блискиот Исток ќе изгледа како да стигнуваат до својот крај, и тие повторно ќе си ја повратат својата Света Земја и повторно ќе биде изграден светиот храм на Бога. Тие ќе веруваат дека Месијата, Нивниот Крал, кого што веќе долго време го очекувале, најпосле веќе дошол и во целост повторно го воспоставил и прославил Израелот.

Но нивните очекувања и радост, многу бргу ќе им паднат на земја. Кога светиот храм на Бога повторно ќе биде изграден во Ерусалим, ќе се случи нешто сосема неочекувано. Сето тоа било проречено низ Книгата на Даниил.

*И во текот на една недела, тој ќе направи цврст завет со многумина, но во средината на таа недела, тој ќе го запре жртвувањето и жртвениот дар; и на крилјата на мерзостите ќе дојде оној кој што ќе прави пустош, сé до целосното уништување, до тогаш кога оној кој што е предодреден, ќе биде излеан врз оној кој што пустоши* (Даниил 9:27).

*Силите од него ќе се подигнат, сквернавејќи ја тврдината на светоста, отфрлајќи ја регуларната жртва. И ќе ја воспостават мерзоста на пустошењето* (Даниил 11:31).

*Од времето на укинувањето на регуларната жртва и воспоставувањето на мерзоста на пустошењето, ќе поминат 1290 денови* (Даниил 12:11).

Овие три стиха алудираат на еден единствен настан,

којшто на сите им е заеднички. Ова е настанот којшто ќе се случи на крајот од времињата, а Исус исто така зборувал за крајот на времињата, спомнувајќи го овој стих.

Тој кажал во Матеј 24:15-16, *„Па така кога ќе ја видите мерзоста на пустошењето, којашто е кажана преку пророкот Даниил, којашто ќе стои на светото место (нека разбере читателот), тогаш оние кои што се наоѓаат во Јудеја, ќе мораат да бегаат по планините."*

Во почетокот Евреите ќе поверуваат дека ЕУ го реконструирала светиот храм на Бога, на Светата Замја, којашто тие ја сметале за света, но кога мерзоста ќе застане на светото место, тие ќе бидат шокирани и ќе сватат дека нивната вера била погрешна. Тогаш тие ќе сватат дека си ги имаат одвратено очите од Исуса Христа и дека Тој е нивниот Месија и Спасителот на човештвото. Ова е причината поради која Израелот треба сега да биде разбуден. Ако Израелот не биде сега разбуден, тие нема да бидат во можност да ја сватат вистината, во одреденото време. Израел доцна ќе ја свати вистината и затоа сето тоа нема да може да биде отповикано.

Затоа јас искрено посакувам Израелот да биде разбуден, така што вие нема да можете да паднете во искушението на антихристот и да го примите белегот на ѕверот. Ако ве прелажат нежните и примамливи зборови на антихристот, кои што ќе ви го ветуваат мирот и просперитетот, и ако го примите белегот на ѕверот „666", тогаш ќе бидете приморани да паднете на патеката кон неотповикливата и вечна смрт..

Она што е уште повеќе за жалење е фактот дека веднаш по откривањето на идентитетот на ѕверот, како што е проречено во пророштвото на пророкот Даниил, многумина од Евреите ќе сватат дека фокусот на нивната вера не бил во право. Преку оваа книга, јас посакувам вие да го прифатите Месијата кој што веќе бил испратен од Бога, избегнувајќи да паднете во Седумгодишните Големи Страдања.

Затоа, како што претходно погоре во текстот ви имав кажано, треба да го прифатите Исуса Христа и да ја поседувате верата која што му е угодна на Бога. Тоа е единствениот начин на којшто би можеле да ги избегнете Седумгодишните Големи Страдања.

За жалење ќе биде ако на успеете да бидете подигнати на Небесата и ако останете тука на земјата, соочувајќи се со Второто Доаѓање на Господа! Но за среќа ќе ја најдете последната шанса за вашето спасение.

Јас искрено ве молам веднаш да го прифатите Исуса Христа и да го живеете животот заедно со браќата и сестрите во Христа. Но дури и сега не е предоцна, преку Библијата да научите како можете да ја зачувате вашата вера во претстојните Седумгодишни Големи Страдања, а на тој начин да го најдете патот којшто Бог го има припремено за вас, како последна можност за спасение, и да бидете поведени кон тој пат.

# Верната Љубов Божја

Бог го има исполнето Своето провидение за човечкото спасение преку Исуса Христа и без разлика на расата или нацијата, оној кој што ќе го прифати Исуса како својот Спасител, следејќи ја волјата на Бога, тогаш Бог ќе го направи Свое чедо и ќе му дозволи да ужива во вечниот живот.

Но што им се има случено на Израел и на неговиот народ? Многумина од нив сеуште го немаат прифатено Исуса Христа и останале настрана од патот на спасението. За жалење е фактот дека тие не успеале да сватат дека патот на спасението води преку Исуса Христа, сé додека не го видат Господа како повторно доаѓа во воздухот, кога Неговите чеда кои што биле спасени ќе бидат грабнати и подигнати во воздухот!

Што ли ќе се случи тогаш со од Бога избраниот Израел? Дали тие ќе бидат исклучени од парадата на спасените чеда Божји? Богот на љубовта го има припремено Својот прекрасен план за Израелот, во последните моменти од историјата на човештвото.

*Бог не е човек, па да прелаже, ниту пак е син човечки, за да мора да се покае; она што го има*

*кажано, зарем нема да го исполни? Или пак има кажано нешто, а да тоа не се збидне така?*
(Четврта Книга Мојсеева – Броеви 23:19)

Кое е последното провидение коешто Бог го испланирал за Израелот, во последните времиња? Бог го припремил патот на „присобраното спасение" за Неговиот избран Израел, така да и тој може да влезе во спасението преку сваќањето дека Исус, кој што бил распнат, всушност бил Месијата кого што тие со копнеж го очекувале и во целост да се покае за своите гревови пред Бога.

### Присобраното Спасение

За време на Седумгодишните Големи Страдања, кога ќе бидат сведоци на чинот на грабнувањето на голем број верници кои што ќе бидат подигнати на Небесата, ќе ја сватат вистината и во своите срца ќе прифатат и поверуваат во постоењето на Небесата и на Пеколот, ќе го прифатат фактот дека Бог е жив и дека Исус Христос е нашиот единствен Спасител. Тогаш тие ќе се обидат да не го добијат белегот на ѕверот. По Грабнувањето, тие ќе се трансформираат, читајќи го Словото Божјо кое што е запишано во Библијата, ќе се здружат и ќе воспостават богослужби, обидувајќи се да живеат во согласност со Словото на Бога.

Во раните фази на Големите Страдања голем број на луѓе ќе

бидат во можност да ги водат религиозните животи, па дури и да ги евангелизираат другите луѓе, бидејќи сеуште нема да има организирани прогони против нив. Поради тоа што ќе бидат свесни дека нема да го примат спасението ако го примат белегот на ѕверот, тие нема да го прифатат него, трудејќи се да го живеат својот живот на начин што ќе биде вреден за добивање на спасението, дури и во тие времиња на Големите Страдања. Но ќе биде навистина тешко да се постигне тоа, бидејќи Светиот Дух веќе ќе го има напуштено овој свет.

Повеќето од нив ќе пролеат голем број на солзи бидејќи нема да има никој кој што би можел да ја води богослужбата и да им помогне во растот во верата. Тие ќа мораат да ја зачуваат својата вера без заштитата и силата на Бога. Ќе жалат заради тоа што морале да се покајат за неследењето на учењето на Словото Божјо, иако им било советувано да го прифатат Исуса Христа, за да можат да ги живеат животите во верата. Тие ќе мораат да ја задржат својата вера, којашто ќе биде изложена на секакви видови на искушенија и прогони, во овој свет во којшто ќе имаат потешкотии во наоѓањето на вистинското Слово Божјо.

Некои од нив ќе се скријат длабоко во планините, за да не го примат белегот на ѕверот, '666.' Тие ќе мораат да бараат растенија или корени на растенија и да убиваат животни за да дојдат до храна, бидејќи нема да можат да купат ниту да продаваат ништо, без да го имаат примено белегот на ѕверот. Но за време на првата половина од Големите Страдања, во текот на три и пол години, армијата на антихристот внимателно ќе ги прогонува верниците. Нема да биде важно на која оддалечена планина ќе бидат скриени, бидејќи ќе бидат пронаоѓани и фаќани од оваа армија на антихристот.

Владеењето на ѕверот ќе ги собира оние кои што го немаат примено белегот на ѕверот и ќе ги присилуваат да се одрекнат од Господа, подложувајќи ги на неверојатни измачувања. На крајот многумина од нив ќе се предадат и ќе немаат друг избор освен да го примат белегот на ѕверот, бидејќи ќе се соочат со невидена болка и ужас коишто ќе им бидат нанесувани.

Армијата голи ќе ги беси по ѕидовите, прободувајќи ги низ телата со сврдло. Тие ќе им ја дерат кожата од главата до ножните прсти. Ќе им ги измачуваат нивните деца пред нивни очи. Измачувањата коишто ќе им бидат нанесувани од страна на армијата на антихристот ќе бидат исклучително сурови и тешки, за тие да можат да ги издржат и да умрат со маченичка смрт.

Затоа неколкуте од нив кои што ќе успеат да ги надвладеат сите измачувања и тортури преку силна волја, надминувајќи ги границите на човечката сила и ќе умрат со маченичка смрт, ќе можат потоа да го примат спасението и да ги достигнат Небесата. Затоа, некои луѓе ќе бидат спасени низ зачувувањето на својата вера, без да го издадат Господа, жртвувајќи си ги своите животи преку маченштвото коешто ќе им биде нанесено од страна на антихристот за време на Големите Страдања. Сето ова се нарекува „Присобрано Спасение".

Бог има некои длабоки тајни кои што ги има припремено

за ова присобрано спасение на од Бога избраните луѓе на Израелот. Тоа се Двата Сведока и местото, Петра.

## Појавувањето И Свештенствувањето На Двата Сведока

Откровение 11:3 кажува, *„И ќе им дадам власт на два Мои сведока, и тие ќе пророкуваат во текот на илјада двесте и шеесет денови, облечени во вреќи."* Двата Сведока се оние луѓе кои што Бог ги има одредено во Неговиот план, уште од пред почетокот на времињата, за да може да ги спаси Своите избрани луѓе од Израелот. Тие ќе им посведочат на Евреите во Израелот, дека Исус Христос е едниот и единствениот Месија, за кој што се пророкувало во Стариот Завет.

Бог ми прозборе во врска со Двата Сведока. Тој ми објасни во врска со нив дека тие нема да бидат многу стари по возраст, дека ќе чекорат во праведноста, и дека ќе имаат праведни срца. Тој ми дозволи да дознаам за тоа какви исповеди едниот од нив Двајцата, прави пред Бога. Неговата исповест кажува дека тој верувал во Јудаизмот, и дека имал чуено дека мноштво луѓе верувале во Исуса Христа како Спасителот и зборувале за Него. Така тој му се молел на Бога да им помогне да сватат што е навистина исправно и вистинито, кажувајќи го следното,

„Ох Боже!

Каква е оваа загриженост којашто ја чувствувам
во срцето мое?
Верувам дека сите нешта
коишто ги имам чуено од моите родители
и коишто ми беа зборувани уште кога бев млад,
се вистинити,
но какви се овие загрижености и прашања коишто ми се јавуваат во срцето мое?

Многу луѓе зборуваат и говорат за Месијата.

Но барем некој да можеше да ми покаже
преку јасен и чист доказ
дали е право да им верувам
или пак да верувам само во тоа што го имам чуено уште од времето кога бев млад,
би бил навистина радосен и благодарен.

Но не можам ништо да видам,
а за да го следам она што овие луѓе го зборуваат,
Морам да ги отфрлам сите бесмислени нешта коишто ги имам зачувувано уште од мојата младост.
Што ли е навистина право во Твоите очи?

Оче Боже!

Ако сакаш да ми,
ја покажеш личноста
којашто ќе може сé да воспостави и сé да свати.
Нека дојде пред мене и нека ме поучува
за тоа што е точната и правата вистина.

Погледнувајќи кон небото,
ја чувствувам оваа вознемиреност во срцето мое,
па ако некој може да го реши овој проблем,
Те молам покажи ми го.

Во срцето свое не можам да ги предадам
сите нешта во коишто верував,
и како што размислувам за нив,
си помислувам дека ако некаде постои некој
којшто би можел да ме поучи за нив и да ми ги покаже,
покажувајќи ми дека тие се вистинити,
па така јас нема да ги предадам овие нешта
коишто до сега ги учев и гледав.

Затоа Оче Боже!
Те молам покажи ми ги.

Дај ми разбирање за сите овие нешта.

Многу нешта ме измачуваат.
Верувам дека сите нешта

коишто до сега ги слушав се вистини.

Но како што сé повеќе размислувам за нив,
ми се јавуваат сé повеќе прашања,
и мојата жед за знаењето не е угасена;
Зошто ли е тоа така?

Затоа кога би можел да ги видам сите овие нешта
и да бидам сигурен во нив;
кога би можел да бидам сигурен дека тоа не е предавство
против патот по којшто до сега чекорев;
кога само би можел да видам што навистина е вистина;
кога само би можел да ги запознаам
сите нешта за коишто размислував,
тогаш би можел да се здобијам со мир во срцето мое."

Двата Сведока, кои што се Евреи, длабоко трагаат по чистата вистина, и Бог решава да им испрати одговор преку еден човек на Бога. Преку овој Божји човек, тие ќе го сватат провидението на Бога за човечката култивација и ќе го прифатат Исуса Христа. Тие ќе останат на земјата за време на Седумгодишните Големи Страдања и ќе го извршуваат своето свештенствување заради покајанието и спасението на народот од Израелот. Тие ќе ја примат од Бога специјалната сила за да можат на Израелот, да му посведочат за Исуса Христа.

Тие ќе истапат пред Бога, кога веќе ќе бидат во целост

осветени, и ќе го извршуваат своето свештенствување во текот на 42 месеци, онака како што и било запишано во Откровението11:2. Причината поради којашто Двата Сведока ќе дојдат од Израелот е во тоа што почетокот и завршетокот на евангелието се наоѓа во Израелот. Евангелието му било ширено и проповедано на светот од страна на Апостолот Павле, па ако евангелието повторно достигне во Израелот, каде што била неговата почетна точка, тогаш делата запишани во евангелието ќе бидат комплетирани.

Исус кажал во Дела 1:8, *„но ќе примите сила кога врз вас ќе слезе Светиот Дух; и ќе Ми бидете сведоци и во Ерусалим и во цела Јудеа и Самарија, па дури и во најоддалечените делови на светот."* „Најоддалечените делови на светот" на ова место се однесува на Израелот, којшто е крајната дестинација на Евангелието.

Двајцата Сведоци ќе им ја проповедаат пораката на крстот на Евреите и преку жестоката сила на Бога, ќе им даваат објаснение за патот на спасението. Тие ќе изведуваат прекрасни чудеса и чудесни знаци, со коишто ќе ја потврдуваат таа порака. Тие ќе ја поседуваат силата да можат да го затворат небото, па дождот со денови да не паѓа, за време на нивното проповедање; ќе ја имаат силата над водите, ако посакаат ќе можат да ги претворат во крв, а исто така ќе можат и да ѝ нанесуваат разни зла на земјата, онолку колку што ќе посакаат

Гледајќи ги овие знаци и слушајќи го Евангелието, мноштво од Евреите ќе му се врати на Господа, но во исто време, некои од нив ќе ја изгубат совеста и ќе се обидат да ги убијат овие Два Сведока. Не само таа група на Евреи, туку и голем број на грешни луѓе од другите земји, под влијанието и контролата на антихристот, жестоко ќе ги мразат Двата Сведока и ќе се обидат да ги убијат.

## Маченишството На Двата Сведока И Нивното Воскресение

Силата којашто Двајцата Сведоци ќе ја поседуваат, ќе биде толку многу голема, што никој нема да се осмели да им наштети. Но на крајот, властите на нацијата, ќе земат учество во чинот на нивното убивање. Но причината поради којашто Двајцата Сведоци ќе бидат убиени не лежи во тоа што властите на нацијата ќе земат учество во нивните прогони, туку во самата Божја волја тие да станат маченици во едно определено време за тоа. Местото каде што тие ќе станат маченици не е никое друго, туку местото каде што бил распнат Исус и укажува на нивното воскресение.

Кога Исус бил распнат, Римските војници стражареле кај гробницата, за некој да не го земе Неговото тело. Но Неговото тело подоцна не можело да биде видено, бидејќи Тој воскреснал. Луѓето кои што ќе ги убијат Двајцата Сведоци ќе се присетат на ова, па ќе бидат загрижени дека некој може да им ги земе телата. Па поради тоа тие ќе ги остават нивните тела да лежат на улицата, не дозволувајќи да бидат закопани во гробовите, за да му ги покажат на светот. Во овие моменти, гледајќи ја оваа сцена, грешните луѓе без совест, ќе бидат многу радосни поради смртта на Двајцата Сведци коишто го проповедале Евангелието.

Целиот свет ќе се радува и ќе слави, а средствата за јавно информирање ќе ја шират новоста за нивната смрт, известувајќи го светот преку сателитската телевизија и радио, во текот на три и пол денови. По тие три и пол денови, ќе се случи воскресението на тие Двајца Сведоци. Тие пак ќе оживеат, ќе бидат подигнати и вознесени на Небесата, носени во облакот на славата, исто како што Илија бил земен на Небесата во еден голем виор. Оваа неверојатна сцена ќе биде пренесена низ светот преку медиумите, па така голем број на луѓе ќе можат да го посведочат тој чин.

И во тој час ќе се случи еден голем земјотрес и ќе се сруши десетина од градот, а седум илјади луѓе ќе бидат убиени во тој земјотрес. Откровение 11:3-13 во детали ни го опишува ова, со следните стихови.

*И ќе им ја дадам власта на двајца Мои сведоци, и тие ќе проповедаат во текот на илјада двеста и шеесет денови, облечени во вреќи. Тоа се двете маслинови дрвца и двата светилника, што стојат пред Господарот на земјата. И ако некој посака да ги повреди, оган ќе излезе од нивните усти и ќе ги проголта нивните непријатели; па така ако некој посака да ги повреди, тој ќе мора да биде убиен на овој начин. Тие ќе ја поседуваат силата да можат да го затворат небото, па дождот да не паѓа за време на деновите на нивното проповедање; и ќе ја имаат власта над водите за да можат да ги претворат во крв, и ќе можат да ѝ нанесат разни зла на земјата, онолку колку што ќе посакаат. И кога ќе го завршат сведоштвото свое, ѕверот кој што излегува од бездната, ќе им објави војна и ќе надвладее над нив и ќе ги убие. А труповите нивни ќе лежат на улиците на градот, којшто духовно се нарекува Содом и Египет, каде што и Госпд беше распнат. И многу од народите и племињата и јазиците ќе ги гледаат труповите нивни во текот на три и пол денови, не дозволувајќи телата нивни да бидат положени во гроб. И жителите на земјата ќе се радуваат над нив и ќе прославуваат; и ќе си праќаат подароци едни на други, бидејќи двата пророка ги измачуваа оние кои што живеат на земјата. Но по три и пол денови, здивот на животот којшто ќе дојде од Бога ќе влезе во нив, и тие ќе се исправат на нозете свои; и голем страв ќе ги обземе оние кои што ова ќе го гледаат. И тогаш ќе чујат силен глас од*

*Небесата, како им се обраќа на нив, „Искачете се ваму." Потоа ќе се подигнат на Небесата во облаците, и непријателите нивни ќе ги видат. Во тој час ќе настане голем земјотрес, и десетти дел од градот ќе падне; седум илјади луѓе ќе бидат убиени во овој потрес, а останатите ќе се исплашат и ќе му ја оддаваат славата на Бог од Небесата* (Откровение 11:3-13).

Без разлика колку се тврдоглави, ако во своите срца имаат барем мала количина на добрина, тие тогаш би сватиле дека големиот земјотрес и воскресението и вознесението на Небесата на овие Двајца Сведоци, се дела на Бога и би му ја оддавале славата на Бога. Тие би биле натерани да го спознаат фактот дека Исус воскреснал преку силата на Бога, пред околу 2000 години. Без оглед на гледањето на овие појави, некои грешни луѓе нема да му ја оддадат славата на Бога.

Ве повикувам сите вас, да ја прифатите љубовта на Бога. Сé до последниот момент, Бог посакува да ве спаси и посакува вие да ја чуете проповедта на Двајцата Сведоци. Двајцата Сведоци ќе посведочат преку силната снага на Бога, дека тие навистина се дојдени од Бога. Тие ќе ги будат луѓето укажувајќи им на Божјата љубов и волја, наменети за нив. Тие ќе ве водат кон сваќањето и прифаќањето на спасението.

Јас искрено ве повикувам да не застанете со непријателот,

којшто му припаѓа на ѓаволот и којшто ќе ве поведе кон патот на уништувањето, туку да ги слушате Двајцата Свдоци и да го достигнете спасението.

## Петра, Засолништето За Евреите

Другата тајна којашто Бог ја има предодредено за Својот избран народ, Израелот, е Петра, засолништето каде што ќе можат да се засолнат за време на Седумгодишните Големи Страдања. Исаија 16:1-4 ни објаснува за ова место, коешто е наречено Петра.

> *Испраќајте почесни јагниња до владетелот на земјата, од Села по патот до дивината, сé до планината на ќерката Сионова. Потоа, како птиците што бегаат или раштрканите пиленца, ќерките на Моав ќе бидат при премините Арнонови. Совет дај ни, донеси одлука; фрли ја сенката твоја како нокта за време на полна месечина; сокриј ги изгонетите, не ги предавај бегалците. Нека останат со тебе изгонетите од Моав; биди им скривница во којашто ќе се скријат од уништувачот. Бидејќи му дојде крај на изнудувачот, уништувањето запре, угнетувачот во целост исчезна од земјата.*

Земјата Моав укажува на земјата Јордан, којашто се

наоѓа на источната страна од Израелот. Петра е името на археолошкиот локалитет, којшто се наоѓа на југозападниот дел на Јордан, поставен на падините од Планината Хор во сливот којшто се наоѓа помеѓу планините коишто се на источното крило од Араба (Вади Араба), големата долина којашто се протега од Мртвото Море до Акабскиот Залив. Петра многу често се идентификува со Села, што исто значи камен, а во Библијата е спомената во 2 Кралеви 14:7 и во Исаија16:1.

Откако Господ повторно ќе дојде во воздухот, Тој ќе ги прими спасените луѓе и ќе ужива заедно со нив во Седумгодишниот Свадбен Банкет, за потоа да се симне на земјата заедно со нив, за да владее над светот во текот на Милениумот. Во текот на седум години, од моментот на Второто Господово Доаѓање во воздухот заради Грабнувањето, па сè до Неговото симнување на земјата, земјата ќе ја прекријат Големите Страдања, и во текот на три и пол години, за време на втората половина на Големите Страдања – за 1260 денови, луѓето на Израелот ќе се сокријат на едно место однапред припремено за нив, во согласност со Божјиот план. Тоа скривалиште е градот Петра (Откровение 12:6-14).

Зошто ќе им биде потребно скривалиште на Евреите?

Откако Бог го избрал народот на Израелот, одтогаш тој бил прогонуван и нападан од безброј Незнабожачки народи. Причината за ова лежи во фактот дека ѓаволот, кој што секогаш му се спротивставува на Бога, секогаш се обидувал да го спречи Израелот во добивањето на благословите од страна на Бога. Истото ќе се случува и за време на крајот на времињата и на светот.

Кога Евреите ќе сватат, низ Седумгодишните Големи Страдања, дека Месијата и Спасителот всушност е Исус, кој што дошол на земјата пред 2000 години, и ќе се обидуваат да се покајат, ѓаволот ќе почне да ги прогонува сè до крајот, за да ги спречи во зачувувањето на својата вера.

Бог, кој што сè знае, има припремено едно скривалиште за од Него избраниот Израел, преку што ја демонстрира Својата љубов за нив, не штедејќи воопшто во нејзиното изразување. Во согласност со оваа љубов и Божјиот план, народот на Израелот ќе влезе во Петра, за да им избега на уништувачите.

Како што Исус има кажано во Матеј 24:16, *„Тогаш оние кои што се во Јудеа ќа мораат да бегаат по планините,"* Евреите ќе можат да избегаат од Седумгодишните Големи Страдања одејќи во скривалиштето и запазаувајќи ја својата вера, за да можат да го достигнат спасението, додека се на тоа место.

Кога ангелот на смртта ги имаше уништено сите првородени деца во Египет, Евреите тајно многу бргу меѓу себе се исконтактирале и ја избегнале оваа несреќа со тоа што ставиле јагнешка крв на своите надвратници и на рамките од вратите.

На истиот начин, Евреите бргу ќе се исконтактираат помеѓу себе, кажувајќи си каде треба да отидат и да се преселат во скривалиштето, пред да почне власта на антихристот да ги апси. Тие ќе знаат за Петра, бидејќи мноштво од евангелистите веќе подолго време постојано ќе посведочуваат за ова скривалиште, па дури и оние кои што не поверувале, ќе си го сменат мислењето и ќе почнат да го бараат ова скривалиште.

Ова скривалиште нема да може да им пружи уточиште на толку големиот број на луѓе. Всушност, мноштвото на луѓе кои што ќе се покајат преку слушањето на Двајцата Сведоци, нема да успеат во своите напори да се скријат во Петра, па ќе си ја одржат својата вера за време на Седумгодишните Големи Страдања, умирајќи со маченичка смрт.

## Љубовта На Бога Покажана Преку Двајцата Сведоци И Петра

Драги браќа и сестри, ако ја изгубите шансата за спасението преку Грабнувањето, немојте да се колебате да отидете до Петра, последната шанса за вашето спасение, којашто ќе ви биде дадена според милоста Божја. Накоро потоа, ќе настанат големи несреќи, иницирани од страна на антихристот. Треба да се засолните себеси во Петра, уште пред да биде затворена портата на последната Божја милост, преку интервенцијата на антихристот.

Па ако не успеете да ја искористите последната шанса

за влегувањето во Петра, тогаш единствениот начин да го достигнете спасението и да влезете во Небесата, нема да биде само преку прифаќањето на Господа и одбивањето на белегот на ѕверот „666." Ќе морате да ги издржите разните видови на ужасни измачувања и да умрете со маченичка смрт. Тоа воопшто нема да биде лесно, но вие ќе морате да го направите тоа, за да им избегнете на вечните измачувања коишто ви претстојат во огненото езеро.

Јас искрено ви посакувам да не се одвратите од патот на спасението, непрестано споменувајќи си ја верната љубов Божја и храбро да се соочите со сите неволји. Додека вие се борите и им се опирате на сите видови на искушенија и прогони коишто антихристот ќе ви ги нанесува, ние вашите браќа и сестри во верата, искрено ќе се молиме за вашиот триумф над нив.

Но вистинската ваша желба треба да биде да го прифатите Исуса Христа пред сите овие нешта да почнат да се случуваат, и да бидете подигнати и грабнати на Небесата заедно со сите нас, и да влезете на Седумгодишниот Свадбен Банкет, кога нашиот Господ повторно ќе се врати. Ние постојано низ солзи на љубовта се молиме Бог да се присети на делото на верата направено од страна на вашите големи татковци и да се присети исто така и на заветот којшто го има направено со нив, овозможувајќи ви да го добиете благословот на спасението.

Во Својата голема љубов Бог ги има припремено Двајцата Сведоци и засолништето Петра, така да вие можете да го примите Исуса Христа како својот Месија и Спасител, и да го достигнете спасението. Сé до последниот момент од човечката историја, јас ќе ве повикувам да се потсетите на оваа верна љубов од страна на Бога, кој што никогаш нема да се откаже од вас.

Пред да ги испрати Двајцата Сведоци, припремајќи се за надоаѓачките Големи Страдања, Богот на љубовта го има испратено човекот на Бога, на којшто ќе му дозволи да ви каже што ќе се одвива во последните времиња и којшто ќе ве поведе кон патот на спасението. Бог не посакува ниту една душа од вас да остане среде Седумгодишните Големи Страдања. Дури и да останете на земјата по Грабнувањето, Тој сака вие да ја сватите и цврсто да се држите до последната врвка којашто може да ве одведе кон спасението, а тога е големата љубов на Бога за вас.

Нема да помине долго време пред да почнат Седумгодишните Големи Страдања. Во тие најголеми страдања коишто ќе бидат без преседан во човечката историја, нашиот Бог ќе го исполни Својот план на љубовта, којшто го спремал за Израелот. Историјата на човечката култивација ќе биде комплетирана заедно со комплетирањето на историјата на Израелот.

Да претпоставиме дека Евреите требало веднаш да ја

сватат вистинската волја на Бога и да го прифатат Исуса како својот Спасител, веднаш штом го виделе. Тогаш, дури ако е потребно историјата на Израелот да биде повторно запишана во Библијата и исправена, Бог со радост би го направил тоа. Тоа е така поради тоа што Божјата љубов за Израелот е нешто што е над секоја имагинација.

Но голем број од Евреите имаат отидено, моментално одат и ќе одат по нивните патишта, сé додека не се сретнат со критичниот момент во нивните животи. Семоќниот Бог, на кого сé му е познато и кој што знае сé што ќе се случи во иднината, ја има предодредено и последната шанса за вашето спасение, водејќи ве со Својата верна љубов.

> *Ете, Јас ќе го пратам при вас пророкот Илија, пред да настапи големиот и страшен ден на ГОСПОДА. Тој ќе ги врати срцата на татковците кон децата нивни и срцата на децата кон татковците свои, за да не дојдам и да ја поразам земјата со проклетството* (Малахија 4:5-6).

Ја оддавам сета благодарност и слава на Бога кој што ја води патеката за спасението не само за Израелот, Неговиот избран народ, туку и за сите луѓе од сите нации, воден од Неговата неисцрпна љубов кон човекот.

## Автор:

## Др. Церок Ли

Др. Церок Ли бил роден во Муан, Провинцијата Јеоннам, Република Кореја, во 1943-та година. Кога бил во своите дваесети години од животот, Др. Ли страдал од најразлични болести, во текот на седум години, очекувајќи ја смртта, без надеж за исцелување. Но еден ден во пролетта на 1974-та година, тој бил поведен кон црквата од страна на неговата сестра, па кога клекнал да се помоли, живиот Бог веднаш му ги исцелил сите болести.

Од моментот кога го сретнал живиот Бог низ тоа прекрасно искуство, Др. Ли го сакал Бога со сето негово срце и искреност, а во 1978-та година, тој бил повикан да биде слуга Божји. За да може јасно да ја согледа волјата на Бога, тој искрено и ревносно се молел низ безбројните молитви, во целост остварувајќи го и покорувајќи му се на Словото Божјо. Во 1982-та година, тој ја основал Манмин Централната Црква во Сеул, Кореја, па потоа безброј дела Божји, вклучувајќи ги тука и чудесните исцелувања, знаците и чудесата, од тогаш па наваму, постојано се случуваат во оваа негова црква.

Во 1986-та година, Др. Ли бил ракоположен како пастор на Годишното Собрание на Исусовата Сунгкиул Црква во Кореја, а четири години подоцна, во 1990=та година, неговите проповеди започнаа да се пренесуваат во Австралија, Русија и во Филипините. Во текот на еден краток временски период, во голем број на земји стига неговата проповед, преку Медиумската Компанија на Далечниот Исток, преку Азиската Станица за Емитување, и преку Вашингтонскиот Христијански Радио Систем.

Три години подоцна, во 1993, Манмин Централната Црква беше избрана како една од „Врвните Светски 50 Цркви" од страна на Христијанскиот Светски магазин (САД) и го има примено Почесниот

Докторат на Божественоста од Христијанскиот Верски Колеџ, Флорида, САД и во 1996-та година го има примено својот Докторат по Свештенствување, од страна на Кингсвеј Теолошката Богословија во Ајова, САД.

Од 1993-та година па навaму, Др. Ли беше предводникот на светската евангелизација, преку многуте прекуморски крстоносни походи, во Танзанија, Аргентина, Лос Ангелес, Балтимор, Хаваи и Њујорк во САД, Уганда, Јапонија, Пакистан, Кенија, Филипините, Хондурас, Индија, Русија, Германија, Перу, Демократската Република Конго, Израел и Естонија.

Во 2002-та година, тој беше признат како „светски преродбеник" заради неговите силни свештенствувања коишто ги спровел во текот на прекуморските крстоносни походи, од страна на главните Христијански весници во Кореја. Како најважен се смета неговиот 'Њујоршки Крстотносен Поход во 2006-та година' одржан во Медисон Сквер Гарден, најпознатата арена во светот. Овој настан беше пренесуван до 220 нации, а во неговиот 'Обединет Крстоносен Поход во Израел во 2009-та година', одржан во Интернационалниот Конвенциски Центар (ИКЦ) во Ерусалим, тој храбро го прогласил Исуса Христа за Месијата и Спасителот.

Неговите проповеди беа пренесувани ширум светот до 176 нации, преку сателитската телевизија, вклучувајќи ја тука ГЦН ТВ и бил наведен како еден од 'Врвните 10 Највлијателни Христијански Водачи', а во 2009-та и во 2010-та година, бил прогласен за еден од врвните и од страна на популарниот Руски Христијански магазин „Во Победа" и новинската агенција Христијански Телеграф за своето силно свештенствување преку ТВ медиумите и за своите прекуморски црквено-пасторски свештенствувања.

Од мај 2013-та година, Манмин Централната Црква има конгрегација од повеќе од 120 000 членови. Постојат 10 000 филијални цркви насекаде низ светот, вклучувајќи ги тука и 56-те домашни филијални цркви и повеќе од 129 мисионерски друштва беа започнати во 23 земји, вклучувајќи ги тука и САД, Русија, Германија, Канада, Јапонија, Кина, Франција, Индија, Кенија и уште многу други.

До денот на објавувањето на оваа книга, Др. Ли има напишано 85 книги, вклучувајќи ги тука и бестселерите *Вкусување на Вечниот Живот пред Смртта, Мојот Живот, Мојата Вера I & II, Пораката на Крстот, Мерката на Верата, Небеса I & II, Пекол, Разбуди се, Израеле!,* и *Силата на Бога*. Неговите дела се преведени на повеќе од 75 светски јазици.

Неговите Христијански колумни се појавуваа во *Ханкук Илбо, ЈунгАнг Дејли, Чосун Илбо, Донг-А Илбо, Минхва Илбо, Сеул Шинмун, Кунгхјанг Шинмун, Кореја Економик Дејли, Кореја Хералд, Шиса Њус,* и во *Христијанската Штампа*.

Др. Ли во моментот е водач на многу мисионерски организации и асоцијации. Неговите позиции ги вклучуваат и следните титули: Претседавач, Обединетата Црква на Светоста на Исуса Христа; Претседател, Манмин Светска Мисија; Постојан Претседател, Асоцијацијата на Мисијата за Светското Христијанско Обновување; Основач & Претседавач на Одборот, Глобална Христијанска Мрежа (ГХМ); Основач & Претседавач на Одборот, Мрежата на Светските Христијански Лекари (МСХЛ); и Основач & Претседавач на Одборот, Манмин Интернационална Богословија (МИБ).

Други моќни книги од истиот автор

### *Небеса I & II*

Детален нацрт на прекрасната животна средина во која живеат жителите на рајот и прекрасни описи на различните нивоа на небесните царства.

### *Пораката на Крстот*

Моќна освестувачка порака за будење на сите луѓе кои што се духовно заспани! Во оваа книга ќе прочитате за причината зошто Исус е единствениот Спасител и за вистинската љубов на Бога.

### *Пекол*

Искрена порака до целото човештво од Бога, Кој што посакува ниту една душа да не падне во длабочините на Пеколот! Ќе откриете никогаш порано –откриено прикажување на суровата реалност на Долниот Ад и Пеколот.

### *Дух, Душа и Тяло I & II*

Преку духовното разбирање за духот, душата и телото, кои што се компонентите на луѓето, читателите ќе можат да погледнат во своето 'себе' и да се здобијат со увид за самиот живот.

### Мерката на Верата

Какво живеалиште, круна и награди се подготвени за вас во Рајот? Оваа книга обилува со мудрост и водство за вас да ја измерите вашата вера и да ја култивирате најдобрата и зрела вера.

---

### Разбудениот Израел

Зошто Бог внимана на Израел од почетокот на светот до денешен ден? Каков вид на Негово Провидение е подготвено за Израел во последните денови, кои што го исчекуваат Месијата?

---

### Мојот Живот, Мојата Вера I & II

Најмирисна духовна арома извлечена од животот кој што цветал со една неспоредлива љубов за Бога, во средина на темните бранови, студеното ропство и најдлабокио очај.

---

### Моќта на Бога

Четиво што мора да се прочита и што служи како основен прирачник со кој што некој може да ја стекне вистинска вера и да ја искуси прекрасната сила на Бога.

www.urimbooks.com

www.ingramcontent.com/pod-product-compliance
Lightning Source LLC
LaVergne TN
LVHW041803060526
838201LV00046B/1110